ÉLÉMENTS

DE LA

GRAMMAIRE FRANÇAISE

PAR LHOMOND;

ÉDITION

CORRIGÉE, ANNOTÉE ET ENRICHIE,

POUR LA PREMIÈRE FOIS,

DE DICTÉES ANALYTIQUES ET ORTHOGRAPHIQUES

EN REGARD DU TEXTE;

PAR M.-A. PEIGNÉ.

OUVRAGE ADOPTÉ
PAR LE CONSEIL ROYAL DE L'INSTRUCTION PUBLIQUE

PRIX { Broché. .. **50** centimes.
{ Cartonné .. **60** centimes.

PARIS,

ISIDORE PESRON, LIBRAIRE-ÉDITEUR;

13, PAVÉE SAINT-ANDRÉ-DES-ARCS.

1836

Le dépôt à la Bibliothèque royale et à la Direction de la librairie a été effectué, conformément aux décrets du 19 juillet 1793 et du 5 février 1810.

Les corrections et les additions nombreuses que j'ai faites à cet ouvrage en constituent la propriété. J'en poursuivrai, selon la rigueur des lois, tout contrefacteur ou débitant de contrefaçons.

Sera réputé contrefait tout exemplaire non revêtu de ma signature. —

Peigné

PARIS, IMPRIMERIE DE DECOURCHANT,
Rue d'Erfurth, n° 1, près de l'Abbaye.

PRÉFACE.

Depuis quarante ans la *Grammaire française* de Lhomond est en possession des établissements d'instruction publique ; et, quoi qu'on ait fait pour l'en exclure, cette grammaire, nonobstant les imperfections dont elle fourmille, est encore aujourd'hui sans contredit la plus répandue.

C'est qu'il s'attache au nom de *Lhomond*, de cet estimable auteur qui aimait tant l'enfance et qui a tant fait pour elle, une sorte de prestige à la puissance duquel nous restons involontairement soumis.

Cette considération, jointe au desir d'empêcher une foule d'erreurs grammaticales de se propager plus longtemps dans les écoles primaires, m'a déterminé à revoir, disons mieux, à corriger les *Eléments* de Lhomond.—Il ne me serait guère possible d'énumérer dans une préface aussi peu étendue que celle-ci toutes les additions, tous les retranchements, toutes les rectifications enfin que j'ai cru devoir opérer dans cette nouvelle édition : c'est aux instituteurs qu'il appartient de reconnaître et d'apprécier mon travail sous ces divers rapports. Cependant il me sera permis d'appeler leur attention sur les DICTÉES *analytiques* que j'ai ajoutées au texte : la place que je leur ai assignée, les numéros d'ordre, les instructions données au maître, le choix des exemples qui parlent toujours au cœur ou à l'esprit, la pratique *inséparée* de la théorie, tout cela sera, je l'espère, jugé avec quelque faveur par les hommes de l'enseignement.

Telle que je l'offre au public, cette grammaire est encore loin de répondre complétement aux exigences d'une étude même élémentaire de la langue française ; il ne m'a pas été possible non plus d'en extirper toutes les erreurs émises par l'auteur : celui-ci en reste seul responsable. Quant aux principes professés par moi, les instituteurs les trouveront développés dans les *Nouveaux Eléments de Grammaire* que j'ai publiés en 1833, et dans les *Leçons de Grammaire transcendante* que je me propose de faire paraître incessamment.

ÉLÉMENTS

DE

LA GRAMMAIRE FRANÇAISE.

INTRODUCTION.

La Grammaire est l'art de parler et d'écrire correctement. Pour parler et pour écrire, on emploie des MOTS : *papa, maman, cheval, maison, vérité,* sont des MOTS.

Les mots sont composés de *syllabes.* Il y a *deux* syllabes dans *pa-pa;* il y en a *trois* dans *vé-ri-té.*

Dans le langage écrit, les mots sont représentés au moyen de *lettres.*

Il y a deux sortes de lettres, les *voyelles* et les *consonnes* (1).

Les voyelles sont *a, e, i, o, u.* On les appelle *voyelles,* parceque, seules, elles forment une voix, un son.

Il y a dix-huit consonnes, savoir : *b, c, d, f, g, j, k, l, m, n, p, q, r, s, t, v, x, z.* Ces lettres s'appellent *consonnes,* parcequ'elles ne forment un son qu'avec le secours des voyelles (2), comme CA-MA-RA-DE.

---

(1) Il serait mieux d'appeler *sons* les signes qui représentent les sons, et *articulations* ou *mouvements* les signes des mouvements exécutés par les organes de la parole.

(2) Les consonnes ne *sonnent* jamais : ce sont des signes de mouvements, et pas autre chose.

Il y a trois sortes d'*e* : *e* muet, *é* fermé, *è* ouvert (1).

L'*e* MUET, comme à la fin de ces mots : *homme, monde*. On l'appelle *muet*, parceque le son en est sourd et peu sensible.

L'*é* FERMÉ, comme à la fin de ces mots : *bonté, café*. Cet *é* se prononce la bouche presque fermée.

L'*è* OUVERT, comme à la fin de ces mots : *procès, accès, succès*. Pour bien prononcer cet *è*, il faut appuyer dessus, et desserrer les dents (2).

L'*y* grec s'emploie pour deux *ii* après une voyelle, comme dans *pays, moyen, joyeux* : prononcez *pai-is, moi-ien, joi-ieux*. Après une consonne il se prononce comme un *i* simple : *style, mystère*.

La lettre *h* est tout-à-fait nulle dans certains mots : ainsi l'on prononce l'*homme*, l'*honneur*, l'*histoire*, comme s'il y avait l'*omme*, l'*onneur*, l'*istoire* : alors on l'appelle *h* muet.

Mais dans les mots suivants, la *haine*, le *hameau*, le *héros*, la lettre *h* indique qu'il faut prononcer un peu du gosier la voyelle qui suit : alors on l'appelle *h* aspiré. Ainsi l'on écrit et l'on prononce séparément les deux mots *la haine*, et non pas *l'haine*, *les héros*, et non pas comme s'il y avait *les zhéros*.

Des voyelles longues *et des voyelles* brèves.

Les voyelles *longues* sont celles sur les-

---

(1) La lettre *é* n'est pas *e* ; la lettre *è* n'est pas *é*. Il serait donc mieux de dire que *e*, *e*, *è* sont trois voyelles, auxquelles il faut ajouter encore *eu, ou, an, in, on, un, oi*.

(2) Faites remarquer que l'*é* et l'*è* s'écrivent aussi sans accent, comme dans *rester*, que l'on prononce *rèsté*.

quelles on appuie plus longtemps que sur les autres en les prononçant.

Les voyelles *brèves* sont celles sur lesquelles on appuie moins longtemps. Par exemple :

a est long dans *pâte*, et bref dans *patte*.

e est long dans *bête*, et bref dans *trompette*.

i est long dans *gîte*, et bref dans *petite*.

o est long dans *côte*, et bref dans *dévote*.

u est long dans *flûte*, et bref dans *butte*.

Pour marquer les différentes sortes d'*e*, et les voyelles longues, on emploie trois petits signes que l'on appelle *accents*, savoir :

L'accent *aigu* (´), qui se met sur les *é* fermés : *bonté*;

L'accent *grave* (`), qui se met sur les *è* ouverts : *accès*;

L'accent *circonflèxe* (^), qui se met sur les voyelles longues : *apôtres* (1).

Il y a en français dix sortes de mots qu'on appelle les *parties du Discours*; savoir : le *Nom*, l'*Article*, l'*Adjectif*, le *Pronom*; le *Verbe*, le *Participe*, la *Préposition*, l'*Adverbe*, la *Conjonction* et l'*Interjection* (2).

---

(1) Il y a une foule de syllabes longues sans accents circonflexes, comme *rose*, *bise*, etc. — L'accent circonflexe indique toujours la suppression d'une lettre : *bâton* pour *baston* (on dit encore *bastonnade*); âge, rôle pour aage, roole.

(2) On pourrait sans inconvénient ne compter que *huit* espèces de mots. L'*article* est évidemment un *adjectif*; le *participe* appartient au *verbe*.

CHAPITRE PREMIER.

—

PREMIÈRE ESPÈCE DE MOTS.

LE NOM *ou* SUBSTANTIF.

1. — Le NOM est un mot qui sert à nommer tout ce qui existe dans la nature, comme *Pierre*, *Paul*, *livre*, *chapeau;* ou dans notre esprit, comme *vertu*, *bonté*, *patience*, *courage*.

Il y a deux sortes de nom : le nom *commun* et le nom *propre*.

2. — Le nom *commun* est celui qui convient à tous les êtres ou à toutes les choses de la même espèce : ainsi les noms *homme*, *cheval*, *maison*, sont des noms *communs;* car le nom *homme* convient à Pierre, à Paul, etc.

3. — Le nom *propre* est celui qui ne convient, au moment où l'on parle, qu'à une seule personne ou à une seule chose, comme *Adam*, *Ève*, *Paris*, *la Seine*.

Dans les noms il faut considérer le *genre* (1) et le *nombre* (2).

4. — Il y a en français deux genres : le *masculin* et le *féminin*. Les noms d'hommes ou d'animaux mâles sont du genre masculin, comme un *père*, un *lion;* les noms de femmes ou d'animaux femelles

—

(1) Le *genre* est la propriété qu'ont les substantifs de représenter la distinction des sexes.
(2) Le *nombre* est la propriété qu'ont les substantifs de représenter l'*unité* ou la *pluralité*.

CHAPITRE PREMIER.

—

PREMIÈRE ESPÈCE DE MOTS.

(*Faites souligner les* SUBSTANTIFS.)

1. — Un *frère* est un *ami* donné par la *nature*.

La *Seine* est un *fleuve* qui traverse une grande *partie* de la *France*.

L'*argent* ne peut pas donner le *bonheur*. — Il faut le demander au *travail* et à la *vertu*.

(*Demandez pourquoi les substantifs suivants sont des* NOMS COMMUNS.) (1)

2. — Le *coq* chante, le *chien* aboie, le *cochon* grogne, le *taureau* beugle, le *ver* rampe, l'*agneau* bêle.

Le *vent* souffle, l'*éclair* brille, le *tonnerre* gronde.

(*Faites souligner les* NOMS PROPRES, *et demandez pourquoi on les appelle ainsi.*) (2)

3. — *Paris* est la capitale de la *France*.

Turenne, *Condé*, *Catinat*, *Villars* ont acquis par leurs exploits une gloire immortelle.

Pierre-le-Grand, empereur de *Russie*, était un homme infatigable.

Il travailla dans les chantiers de la marine à *Amsterdam* en *Hollande*.

(*Demandez de quel* GENRE *sont les substantifs suivants.*)

4. — Mon cher *enfant* (*m.*), ta *mère* (*f.*) a beaucoup de *tendresse* (*f.*) pour toi.

Un *fleuve* (*m.*) est un grand *courant* (*m.*) d'*eau* (*f.*) qui se jette dans la *mer* (*f.*).

Une *mer* (*f.*) est une grande *étendue* (*f.*) d'*eau* (*f.*) salée.

---

(1) Parcequ'ils conviennent à tous les êtres et à toutes les choses de la même espèce.

(2) Parcequ'ils ne conviennent qu'à une seule personne ou à une seule chose.

sont du genre féminin, comme une *mère*, une *lionne*. On a donné aussi le genre masculin ou le genre féminin à des choses inanimées, comme un *livre*, une *table*, le *soleil*, la *lune*.

5. — Il y a deux nombres : le *singulier* et le *pluriel :* le singulier, quand on parle d'un seul être ou d'une seule chose, comme un *homme*, un *livre ;* le pluriel, quand on parle de plusieurs, comme *les hommes, les livres* (1).

Formation du pluriel *dans les* substantifs.

6. — RÈGLE GÉNÉRALE. — Pour former le pluriel dans les substantifs, ajoutez un *s* au singulier : le *père*, les *pères ;* la *mère*, les *mères ;* le *livre*, les *livres ;* la *table*, les *tables.*

7. — 1ʳᵉ *exception.* Les substantifs terminés au singulier par *s*, *z*, *x*, s'écrivent de même au pluriel : le *fils*, les *fils ;* le *nez*, les *nez ;* la *voix*, les *voix.*

8. — 2ᵉ *exception.* Les substantifs terminés au singulier par *au*, *eu*, *ou*, prennent *x* au pluriel : le *bateau*, les *bateaux ;* le *feu*, les *feux ;* le *caillou*, les *cailloux* (2).

9. — 3ᵉ *exception.* La plupart des substantifs terminés au singulier par *al*, *ail*, font leur pluriel en *aux :* le *mal, les maux ;* le *cheval*, les *chevaux ;* le *travail*, les *travaux* (3). — *Aïeul*, *ciel*, *œil*, font au pluriel *aïeux*, *cieux*, *yeux* (4).

---

(1) Il y a des substantifs qui ne s'emploient qu'au singulier, comme la *faim*, la *soif*, la *bienfesance :* d'autres ne s'emploient qu'au pluriel, comme *funérailles*, *ténèbres*, etc.

(2) On écrit encore avec *x* des *bijoux*, des *cailloux*, des *choux*, des *genoux*, des *hiboux*, des *joujoux* et des *poux*. Tous les autres substantifs en *ou* s'écrivent au pluriel avec *s*.

Mon *fils* (*m.*), soulage ton *père* (*m.*) dans sa *vieillesse* (*f.*) et ne l'attriste pas durant sa *vie* (*f.*).

On appelle *poussins* (*m.*) les *petits* (*m.*) de la *poule* (*f.*).

(*Demandez à quel* NOMBRE *sont les substantifs suivants.*)

5. — Le *travail* (*s.*) attire l'*aisance* (*s.*); l'*assiduité* (*s.*) attire la *confiance* (*s.*).

Chaque *peuple* (*s.*) se compose d'une *multitude* (*s.*) de *familles* (*pl.*).

Les *peuples* (*pl.*) échangent leurs *services* (*pl.*), et se procurent par ces *échanges* (*pl.*) les *choses* (*pl.*) nécessaires à la *vie* (*s.*).

(*Faites mettre les phrases suivantes au* PLURIEL. — *Vous dicterez d'abord chaque phrase au* SINGULIER.)

6. — La caresse de la mère. — Le plaisir de l'enfant. — Le devoir du citoyen. — Le livre de l'élève. — La maison du propriétaire. — Le trésor du riche. — La récompense du brave. — Le fusil du grenadier. — La revue de l'intendant. — La fleur de la prairie. — La poule du fermier.

7. — La pension de mon fils. — La voix du chanteur. — Le prix de la marchandise. — Le nez du perroquet. — L'avis du vieillard. — La croix d'honneur. — Le pont-levis de la citadelle. — La toison de la brebis. — J'ai passé un mois dans ce pays. — Le salsifis du jardin. — Le repas du pauvre.

8. — Le château du prince. — Le noyau de la cerise. — Le jeu de l'enfant. — Un feu d'artifice. — Le chou du jardin. — Le pou du cheveu. — Le drapeau du régiment. — Le feu du bivouac. — Le hibou du château. — Le manteau de l'officier. — Le marteau du forgeron. — Le caillou du rivage.

9. — Le travail du caporal. — Le cheval du général. — Le bail du propriétaire. — Un rival de gloire. — Un hôpital. — Le journal du voyageur. — On creuse un canal. — L'arsenal militaire. — L'air entre dans la cave par le soupirail.

---

(3) Les substantifs en *ail*, qui font leur pluriel en *aux*, sont *ail*, des *aulx*; *bail*, des *baux*; *corail*, des *coraux*; *émail*, des *émaux*; *soupirail*, des *soupiraux*; *travail*, des *travaux*. Les autres forment leur pluriel en ajoutant un *s*.

(4) On dit des *aïeuls* pour désigner le grand-père paternel et le grand-père maternel; on dit des *ciels* de lit : ce peintre fait bien les *ciels*; enfin, on dit des *œils* de bœuf, fenêtres rondes.

CHAPITRE II.

—

SECONDE ESPÈCE DE MOTS.

L'ARTICLE *le, la, les.*

1.—L'ARTICLE est un petit mot que l'on met devant les noms communs, et qui en fait connaître le genre et le nombre (1).

2.—Nous n'avons qu'un article *le, la* au singulier, *les* au pluriel. *Le* se met devant un nom singulier masculin, LE *père ; la* se met devant un nom singulier féminin, LA *mère ; les* se met devant tous les noms pluriels, soit masculins, soit féminins, LES *pères*, LES *mères*. Ainsi l'on connaît qu'un nom est du genre masculin quand on peut mettre *le* devant ce nom ; on connaît qu'un nom est du genre féminin quand on peut mettre *la* (2).

3. — Il y a deux remarques à faire sur l'article.

1º On retranche *e* dans le mot *le*, on retranche *a* dans *la*, quand le mot suivant commence par une voyelle ou un *h* muet.

Ainsi on dit *l'argent* pour *le argent*, *l'histoire* pour *la histoire ;* mais alors on met, à la place de la lettre retranchée, cette petite figure ('), qu'on appelle *apostrophe*.

---

(1) Par ce moyen beaucoup d'adjectifs et même de verbes sont employés substantivement. On dit *le* BON est préférable *au* BEAU ; *le* SOUPER et *le* COUCHER.

CHAPITRE II.

—

SECONDE ESPÈCE DE MOTS.

*(Dictez un substantif : l'élève mettra lui-même l'*ARTICLE*.)*

1. — Père. — Roi. — Mère. — Chien. — Clé. — Feuille. — Sœur. — Papier. — Plume. — Canif. — Secrétaire. — Table. — Couteau. — Serviette. — Verre. — Chaise. — Fauteuil.

(Faites écrire les phrases suivantes au PLURIEL.*)*

2. — La famille. — La fontaine. — Le ministre. — Le fusil. — La bretelle. — La guêtre. — Le pantalon. — La cocarde. — Le bonnet. — La giberne. — Le galon. — La capote. — La cravate. — Le col. — La tête. — Le cheveu. — Le front. — Le sourcil. — La prunelle. — La paupière. — Le nez. — La narine. — La joue. — La lèvre. — La bouche. — La dent. — L'oreille. — Le menton. — Le cou. — La poitrine. — Le cœur. — Le poumon. — Le foie. — La rate. — L'uniforme. — Le commandement. — Le peloton. — L'escouade. — La compagnie. — Le bataillon. — L'escadron. — Le régiment: — La brigade. — L'armée.

*(L'élève fera lui-même l'*ÉLISION.*)*

3. — *La* ivresse dégrade *le* homme. — *La* armée partira pour *la* Espagne. — Fuyez *la* oisiveté. — Suivez le chemin de *le* honneur. — *Le* étendard de *le* ennemi. — *La* épaulette de *le* officier. — *Le* encrier de *le* écolier. — *La* agilité de *la* hirondelle. — *La* enseigne de *la* hôtesse. — *Le* excès de la chaleur. — *La* utilité de *la* étude. — *La* immortalité de *la* âme. — *La* étourderie de *le* enfant. — Je préfère *la* artillerie à *la* infanterie. — *La* épée de *le* adjudant. — *La* ambition de *le* empereur. — *La* infortune *de le* exilé. — *Le* orgueil *de le* ignorant. — *La* adresse *de le* intrigant.

---

(2) Si le nom commence par une voyelle (*animal, épee*), mettez *un* ou *une* devant ce nom pour en connaître le genre : UN *animal;* UNE *épée.*

4. — 2° Pour joindre un nom à un mot précédent, on met *de* ou *à* devant ce nom : *fruit* de *l'arbre;* — *utile* à *l'homme.*

Alors, au lieu de mettre *de le* devant un nom masculin singulier qui commence par une consonne, on met *du*. Ainsi dites *La maison* DU *père*, et non pas *la maison* DE LE *père*.

Au lieu de *à le*, on met *au*. Ainsi dites *Je vais* AU *marché*, et non pas *je vais* A LE *marché*.

Devant un nom pluriel, *de les* se change en *des* : *Les devoirs* DES *élèves*, POUR DE LES *élèves;* — *à les* se change en *aux* : *Il fait du bien* AUX *pauvres*, pour A LES *pauvres* (1).

CHAPITRE III.

—

TROISIÈME ESPÈCE DE MOTS.

L'ADJECTIF.

1. — L'ADJECTIF est un mot que l'on ajoute au substantif pour en déterminer la signification, comme *mon* père, *ma* mère; ou pour en marquer la qualité, comme *beau* livre, *belle* image : ces mots *mon, ma, beau, belle*, sont des Adjectifs.

On connaît qu'un mot est adjectif quand on peut y joindre le mot *personne* ou *chose :* ainsi, *ce, cette, mon, ma, aucun, aucune, habile, agréable*, sont des

---

(1) L'article ainsi combiné avec les prépositions *à* et *de* s'appelle *article* CONTRACTÉ.

(Dictez la phrase : l'élève fera la CONTRACTION.)

4. Les soldats volent *à le* combat. —La vie *de les* hommes est courte. — Le devoir *de les* riches est de secourir les pauvres. —Le devoir *de les* soldats est d'obéir *à les* chefs. — On lit au-dessus de la porte *de le* Panthéon : « *A les* grands hommes la patrie reconnaissante. » — Les soldats doivent être endurcis *à les* travaux et indifférents *à les* dangers. —La peau *de le* cheval sert à faire *de les* souliers. — La fatigue *de le* chemin. — J'ai pitié *de les* maux *de les* pauvres. — La guérison *de le* malade. — La fin *de le* devoir *de les* écoliers. — Le foin *de le* pré. — La ferme *de le* laboureur. — Les harnais *de les* chevaux. — La chaleur *de le* soleil — Je donnerai *de les* prix *à les* élèves qui auront mérité *de les* récompenses. — Je suis l'ami *de les* ouvriers. — Je conseille *à les* soldats d'acquérir *de les* connaissances. — Je travaille *à les* progrès de l'enseignement. — Je suis partisan *de les* chemins de fer et *de les* bateaux à vapeur.

CHAPITRE III.

—

TROISIÈME ESPÈCE DE MOTS.

(Faites souligner les ADJECTIFS.)

1. —On est plus *heureux* de donner que de recevoir.
La monarchie *française* a été fondée l'an 420.
La loi *chrétienne* est une loi *juste, raisonnable,* une loi *conforme* à la règle *universelle.*
Le sens *commun* n'est pas chose *commune.*
Une femme peut doubler *sa* dot par *ses* talents et *ses* vertus.
Les droits *sacrés* de l'amitié sont *inviolables.*
Tous les états sont *honorables* s'ils sont *utiles.*
Les *dures* fatigues d'une *longue* campagne donnent une santé *robuste.*
Les biens sont *incertains,* les maux sont *véritables.*
La modestie est la compagne *habituelle* du *vrai* mérite.
Un hiver *rigoureux* annonce un été *favorable.*

adjectifs, parcequ'on peut dire CETTE *personne*, AU-
CUNE *chose ; personne* HABILE, *chose* AGRÉABLE.

Les adjectifs ont les deux genres, *masculin* et *féminin*. Cette différence de genre se marque ordinairement par la dernière lettre.

Formation du féminin *dans les* adjectifs.

2.—RÈGLE. Quand un adjectif ne finit point par un
e muet, on y ajoute un *e* muet pour former le féminin : *prudent, prudent* e; *saint, saint* e; *méchant, méchant* e; *petit, petit* e; *grand, grand* e; *poli, poli* e;
vrai, vrai e, etc.

3.—1ʳᵉ *exception* (1). Les adjectifs suivants, *cruel,
pareil, fol, mol, ancien, bon, gras, gros, nul, net, sot,
épais*, etc., forment leur féminin en doublant la dernière consonne avant l'*e* muet : *cruelle, pareille,
folle, molle, ancienne, bonne, grasse, grosse, nulle,
nette, sotte, épaisse* (2).

Beau et *nouveau* font au féminin *belle, nouvelle*,
parcequ'au masculin on dit aussi *bel, nouvel*, devant une voyelle ou un *h* muet : *bel oiseau, bel
homme, nouvel appartement* (3).

2ᵉ *exception.* — *Blanc, franc, sec, frais* font au
féminin *blanche, franche, sèche, fraîche.*

Public, caduc, font *publique, caduque.*

3ᵉ *exception.* — Les adjectifs *bref, naïf* font au
féminin *brève, naïve*, en changeant *f* en *v*. L'adjectif
long fait *longue* au féminin.

---

(1) Toutes ces exceptions ne consistent que dans le redouble-
ment ou dans le changement de la consonne finale du masculin.

(2) Il faut se garder d'en conclure que tous les adjectifs en
et et en *ot* font *ette, otte* au féminin. Dans presque tous ces
adjectifs on s'abstient de redoubler la dernière consonne, et
l'on écrit, *dévote, idiote, secrète, complète*, etc.

L'Europe est moins *grande* que l'Asie.

Depuis l'invention de la poudre, les batailles sont moins *sanglantes*.

La guerre la plus *heureuse* est toujours un *grand* fléau pour les peuples.

Formation du féminin *dans les* adjectifs.

(L'élève ajoutera l'adjectif AU FÉMININ.)

2. — Un fruit *cru*. . . . . . . De la viande —
Un fruit *vert*. . . . . . Une feuille —
Un astre *brillant*. . . . Une clarté —
Un bruit *général*. . . . Une rumeur —
Un homme *poli*. . . . Une femme —
Un fait *honorable* . . . Une action —

3. — Du vin *excellent*. . . . De la boisson —
Un pays *fertile*. . . . . Une contrée —
Un sergent *sévère*. . . Une consigne —
Un ordre *cruel*. . . . . Une coutume —
Un vice *bas*. . . . . . . Une action —
Un traité *nul*. . . . . . Une condition —
Un habit *pareil*. . . . Une robe —
Un mur *mitoyen*. . . . Une rivière —
Un dindon *gros, gras*. Une oie —
Un feuillage *épais*. . . Une forêt —
Un *bel* homme. . . . . Une femme —
Un *nouvel* accident. . Une robe —
Un merle *franc*. . . . Une noisette —
Du pain *sec*. . . . . . Une saison —
Un vent *frais*. . . . . . Une nuit —
Un plumet *blanc*. : . Une robe —
Le bien *public*. . . . . Une calamité —
Un âge *caduc*. . . . . . Une santé —
Un accent *bref*. . . . . Une voyelle —
Un vent *vif* . . . . . . Une foi —
Un enfant *naïf*. . . . . Une réponse —
Un pantalon *neuf*. . . Une veste —
Un habit *long*. . . . . . Une capote —

______

(3) Autrefois il n'y avait ni substantif ni adjectif en *eau*. Au lieu de dire *chapeau, manteau, château*, on disait *chapel, mantel, châtel*, etc. ; de même, au lieu de dire *beau, nouveau*, on disait *bel, nouvel*, etc.

4ᵉ exception. – *Malin, bénin* font *maligne, bénigne.*

5ᵉ exception. — Les adjectifs en *eur* font ordinairement leur féminin en *euse : trompeur, trompeuse; parleur, parleuse; chanteur, chanteuse;* cependant *pécheur* fait *pécheresse; acteur* fait *actrice; protecteur* fait *protectrice.*

6ᵉ exception. — Les adjectifs terminés en *x* se changent en *se : dangereux, dangereuse; honteux, honteuse; jaloux, jalouse,* etc. Cependant *doux* fait *douce, roux* fait *rousse.*

Formation du pluriel *dans les* adjectifs.

4. — Le pluriel, dans les adjectifs, se forme comme dans les substantifs, en ajoutant *s* à la fin : *bon, bonne,* au pluriel *bons, bonnes,* etc. (1).

5. — Mais la plupart des adjectifs qui finissent par *al* s'emploient rarement au pluriel masculin. Quelques-uns ont le pluriel en *aux.* Ainsi on dira : *un conte moral, des contes moraux; un caporal brutal, des caporaux brutaux.* Les autres adjectifs, tels que *filial, fatal, frugal, naval, pascal* prennent un *s* au pluriel.

Accord des adjectifs *avec les* substantifs.

6.—*Règle.* Tout adjectif doit être du même genre et au même nombre que le substantif qu'il qualifie ou qu'il détermine.

Le bon *père, la* bonne *mère.*

Bon est du masculin et au singulier, parceque *père*

---

(1) Pour les exceptions, on suit les mêmes règles que pour les substantifs.

Un regard *malin*. . . . Une figure —
Un air *bénin* . . . . . . Une fièvre —

Un chat *trompeur*. . . Une mine —
Un enfant *menteur* . . Une fille —
Un élève *parleur*. . . . Une femme —
Paul, *pêcheur*. . . . . Madeleine —
Adolphe, *acteur*. . . . Eugénie —
Un air *protecteur* . . . La main —

Un livre *dangereux*. . . Une parole —
Un pauvre *honteux*. . Une action —
Un sort *heureux*. . . . Une vie —
Du vin *mousseux* . . . De la bière —
Un homme *jaloux*. . . Une femme —
Du cidre *doux*. . . . . Une orange —
Un cheveu *roux*. . . . La lune —

4. — Une coutume *ancienne*. Des coutumes —
Une personne *discrète*. Des personnes —
Un vent *favorable*. . . Des vents —
Le loup *féroce* . . . . . Des loups —

5. — Un conte *moral*. . . . Des contes —
Ceci m'est *égal*. . . . . Les hommes sont —
Un chemin *inégal* . . . Des chemins —
Un acteur *original*. . . Des acteurs —
Un combat *naval*. . . . Des combats —
Un événement *fatal*. . Des événements —
Un cierge *pascal*. . . . Des cierges —
Un couplet *final*. . . . Des couplets —
Un repas *frugal* . . . . Des repas —
Un langage *trivial*. . . Des discours —

(*Dictez ou écrivez les* FAUTES : *l'élève corrigera.*)

6. — L'armée *française* est *aguerri* et *discipliné*.

Les *belle* paroles et les *grande* promesses ne font impression que sur l'esprit des fous.

Il y a des hommes qu'il ne faut jamais voir *petit*.

Les prunes *savoureuse*, les pêches *parfumé*, les poires *fondante*, les pommes *sucré*, les figues *fraîche* embellissent les tables *somptueuse*.

Les arbres les plus *haut* sont les plus *exposé* aux coups de la tempête.

Ce ne sont ni les *grande* places ni les *grande* dignités qui ont les *grand* hommes, c'est le *grands* mérite.

est du masculin et au singulier ; *bonne* est du féminin et au singulier, parceque *mère* est du féminin et au singulier.

De beaux *jardins, de* belles *fleurs.*

Beaux est du masculin et au pluriel, parceque *jardins* est du masculin et au pluriel, etc.

7. — *Remarque.* — Quand un adjectif se rapporte à deux substantifs singuliers, on le met au pluriel, parceque deux singuliers valent un pluriel (1).

Le roi et le berger sont égaux *après la mort* (et non pas *égal*).

8. — Si les deux substantifs sont de différents genres, l'adjectif reste au masculin.

Mon père et ma mère sont contents (et non pas *contentes*) (2).

9. — Quant à la place des adjectifs, il y en a qui se mettent devant le substantif, comme *beau* jardin, *grand* arbre, etc.; d'autres se mettent après, comme *habit* rouge, *table* ronde, etc. L'usage est le seul guide à cet égard (3).

---

(1) Rigoureusement, un adjectif au pluriel ne peut ni qualifier ni déterminer deux substantifs au singulier. Analysez ainsi la phrase citée pour exemple : *le roi est égal* au berger ; *le berger est égal* au roi : *ces deux êtres sont* ÉGAUX.

(2) Il est d'usage de mettre le substantif masculin le dernier. Ainsi il est plus régulier de dire : *Ma mère et mon père sont* contents.

(3) Faites remarquer la différence qu'il y a entre *un musicien* PAUVRE et *un* PAUVRE *musicien;* entre *une* SAGE-*femme* et *une femme* SAGE, etc.

La voix *public* accuse les soldats *coupable* qui ont passé à l'ennemi.

Il faut que les armes soient *propre*, bien *nettoyé*, *brillante*.

Les combats à l'arme *blanche* sont les plus *meurtrier*.

La probité est la plus *estimable* des vertus *sociale*.

Une parole mal *interprété* allume *tout* les jours des haines *irréconciliable*.

Mes amis, soyez *sobre* et *tempérant*.

7. — Mon sabre et mon fusil sont tout *neuf*.

Le Rhône et la Garonne sont très *rapide*.

La patience et la fermeté du soldat doivent être *inébranlable*.

La force et la prudence sont *nécessaire* à un général.

La gloire et la prospérité des méchants sont *courte*.

Le travail et le courage *joint* ensemble et longtemps *soutenu* font surmonter tous les obstacles.

8. — Le Portugal et l'Espagne sont *voisines*.

Les Alpes et le Jura sont *élevées*.

L'œillet et la rose sont *odoriférante*.

Ce château et cette tour sont fort *ancienne*.

Le génie et l'artillerie sont *parties*.

(Dictez les phrases suivantes.)

9. — Un *grand* homme a beaucoup de mérite.

Un homme *grand* a une grande taille.

Une *riche* taille est une taille élevée.

Une personne *riche* a de la fortune.

Un *bon* homme est peu avisé.

Un homme *bon* est obligeant.

Une voix *commune* n'a rien d'extraordinaire.

D'une *commune* voix, du consentement de tout le monde.

Un *brave* homme est estimable.

Un homme *brave* a du courage.

Un *honnête* homme a de la probité.

Un homme *honnête* connaît la politesse.

Un *pauvre* auteur a peu de talent.

Un auteur *pauvre* n'est pas riche.

Un *galant* homme est aimable.

Un homme *galant* est assidu auprès des femmes.

Une *grosse* femme a de l'embonpoint.

Une femme *grosse* est enceinte.

NOMS ET ADJECTIFS DE NOMBRE.

10. — Les *noms de nombre* sont ceux dont on se sert pour compter.

Il y en a de deux sortes : les noms de nombre *cardinaux* et les noms de nombre *ordinaux* (1).

Les noms de nombre *cardinaux* sont *un, deux, trois, quatre, cinq, six, sept, huit, neuf, dix, onze, douze, treize, quatorze, quinze, seize, dix sept, dix-huit, dix-neuf, vingt ; trente, quarante, cinquante, soixante, quatre-vingts* (2), *cent, mille,* etc.

Les noms de nombre *ordinaux* se forment des cardinaux : ces noms sont *unième, deux*ième, *troi*sième, *quatri*ème, *cinqu*ième, *six*ième, *sept*ième, *hui*tième, *neuv*ième, *dix*ième, etc. (3).

11. Il y a encore des noms de nombre qui servent à marquer une certaine quantité, comme une *dizaine*, une *douzaine*, etc.

Il y en a encore d'autres qui marquent les parties d'un tout, comme la *moitié*, le *tiers*, le *quart*, etc.

Enfin, il y en a qui servent à répéter un nombre plusieurs fois, comme le *double*, le *triple*, etc.

---

(1) On devrait se borner à dire : Il y a deux sortes d'adjectifs dont on se sert pour compter : les *adjectifs* CARDINAUX indiquent simplement le nombre : *un, deux*, etc. ; les *adjectifs* ORDINAUX marquent l'ordre, le rang : *unième, deuxième*, etc.

(2) Il serait bien plus régulier de dire un*ante*, deux*ante*, trois*ante*, quatr*ante*, cinqu*ante*, six*ante*, sept*ante*, huit*ante* et neuv*ante*. M. *Lepage* a presqu'entièrement adopté cette nomenclature dans ses *tableaux d'arithmétique.*

(Faites souligner les adjectifs NUMÉRAUX, *et demandez
ce qu'ils indiquent)*

10. — Il y a *deux* choses qu'on ne saurait regarder en face :
le soleil et la mort (4).

Le *premier* degré du pardon est de ne plus parler de l'injure
qu'on a reçue (5).

Sur *dix* récoltes, on en compte *deux* bonnes, *trois* mauvai-
ses et *cinq* médiocres.

Au *huitième* siècle, il y avait *trois* carêmes et quelquefois
quatre.

L'intérêt, la vanité, la mode et la santé sont nos *quatre* guides
principaux.

Il y a en Chine une tour de porcelaine haute de *deux cent
quatre-vingts* pieds.

Elle a un escalier de *quatre cents* marches.

Pharamond fut le *premier* roi de France, et Charles-Dix le
soixante-dixième.

Napoléon fut le *premier* consul ; Lebrun et Cambacérès furent les *deux* autres.

11. — Il y a cinq *dizaines* dans cinquante ; il y a cinq *dou-
zaines* dans soixante.

Il faut vingt-cinq œufs pour faire un *quarteron*.

On appelle aussi *quarteron* le quart d'une livre.

Le *quart* est la quatrième partie d'une chose ; le *tiers* est
la troisième partie.

Il faut donc quatre *quarts* ou trois *tiers* pour faire un
tout.

On appelle *double* une chose répétée deux fois.

On appelle *triple* une chose répétée trois fois, et *quadruple*
une chose répétée quatre fois.

---

(3) On voit facilement que les adjectifs numéraux se forment
des substantifs au moyen de la finale IÈME : *un*, uni*ème; deux*,
deux*ième*, etc.

(4) L'élève dira que *deux* est un nombre *cardinal*, parcequ'il
indique simplement le *nombre*.

(5) L'élève dira que *premier* est un nombre *ordinal*, parcequ'il indique l'ordre et le rang de chaque chose.

CHAPITRE IV.
—
QUATRIÈME ESPÈCE DE MOTS.

DU PRONOM.

1. — Le PRONOM est un mot qui tient la place du nom.

Pronoms personnels.

2. — Les Pronoms *personnels* sont ceux qui désignent les personnes.

Il y a *trois* personnes : la première est celle *qui* parle; la seconde est celle *à qui* l'on parle; la troisième est celle *de qui* l'on parle.

Pronom de la première *personne.*

3. — Ce pronom est des deux genres : *masculin*, si c'est un homme qui parle; *féminin*, si c'est une femme.

SINGULIER. — Je *ou* moi.

On dit *me* pour *moi.* {*Le maître* me *regarde,* c'est-à-dire *regarde* moi.

On dit *me* pour *à moi.* {*Le maître* me *donnera un livre,* c'est-à-dire *donnera* à moi.

PLURIEL. — Nous.

Pronom de la deuxième *personne.*

4. — Ce pronom est des deux genres : *masculin*, si c'est à un homme qu'on parle; *féminin*, si c'est à une femme.

SINGULIER. — Tu *ou* toi.

On dit *te* pour *toi.* {*Le maître* te *regarde,* c'est-à-dire *regarde* toi.

On dit *te* pour *à toi.* {*Le maître* te *donnera un livre,* c'est-à-dire *donnera* à toi.

PLURIEL. — Vous.

CHAPITRE IV.

—

QUATRIÈME ESPÈCE DE MOTS.

(Faites souligner les **PRONOMS**.*)*

1. — Les hommes qui éprouvent le besoin de recourir à Dieu ne trouvent jamais entre *lui* et *eux* de barrières insurmontables.

(Faites souligner et numéroter les **PERSONNES**.*)*

2. — Camarades, admirez Napoléon : *je* (1) *vous* (2) raconterai toutes les batailles qu'*il* (3) a gagnées.

Soldats ! s'écriait-*il* (3) en Égypte, du haut de ces pyramides quarante siècles *nous* (1) contemplent.

César, voyant Brutus au nombre de ses assassins, s'écria : « Et *toi* (2) aussi, mon fils, *tu* (2) oses *me* (1) frapper ! »

(Faites souligner et analyser les **PRONOMS**.*)*

3. — Les grandes prospérités *nous* aveuglent, *nous* transportent, *nous* égarent.

Jésus-Christ disait : « *Je* pardonne de bon cœur à mes ennemis. »

Mon fils, *je me* flatte que *je* serai toujours content de ta conduite (*me* pour *moi*).

Je me dis souvent que *je* serais heureux si *je* savais borner mes desirs (*me* pour *à moi*).

Je voudrais bien savoir l'anglais. Cette langue *me* serait fort utile (*me* pour *à moi*).

Les merveilles de la nature *nous* frappent d'admiration.

4. — Ma fille, *je te* recommande d'être studieuse, douce et obéissante (*te* pour *à toi*).

Fais aux autres ce que *tu* voudrais qu'ils fissent pour *toi*.

Évite ce qui peut *te* nuire et *te* rendre désagréable aux yeux des autres (nuire *à toi*, rendre *toi*).

Messieurs, *vous* êtes riches : *vous* n'aurez pas de peine à *vous* faire des amis (faire *à vous*).

Je voudrais bien, mesdames, *vous* démontrer combien il importe que *vous* nourrissiez et que *vous* éleviez vos enfants (démontrer *à vous*).

Remarque. Par politesse, on dit *vous* au lieu de *tu* au singulier; par exemple, en parlant à un enfant : *vous* êtes bien aimable (1).

5. — *Pronom de la* troisième *personne.*

SINGULIER.

Masculin.	*Féminin.*
Il — (*Il* lit.)	Elle { *Elle* écrit.
Lui — (C'est *lui*.)	{ C'est *elle*.
Le — (Je *le* vois.)	La — (Je *la* vois.)

Des deux genres.

On dit *lui* pour *à lui, à elle.* { Je *lui* parle, c'est-à-dire, je parle *à lui, à elle.*

PLURIEL.

Masculin.	*Féminin.*
Ils — (*Ils* lisent).	Elles { *Elles* écrivent.
Eux — (Ce sont *eux*.)	{ Ce sont *elles*.

Des deux genres.

On dit *les* pour *eux, elles.* { Je les respecte, c'est-à-dire, je respecte *eux, elles.*

On dit *leur* p. *à eux, à elles.* { Je leur dois le respect, c'est-à-dire, je dois *à eux, à elles.*

6. — Il y a un autre pronom de la troisième personne, *se, soi* : il est des deux genres (2). On l'appelle *pronom réfléchi*, parcequ'il marque le rapport d'une personne à elle-même.

On dit *se* pour *soi* : — On *se* corrige, c.à.d. on corrige *soi.*
On dit *se* pour *à soi* : — On *se* nuit, c.à.d. on nuit *à soi.*

7. — Il y a encore deux pronoms de la troisième personne; savoir :

En, qui signifie *de lui, d'elle, d'eux, d'elles* : ainsi

---

(1) L'adjectif reste au singulier, car le substantif est au singulier.

(2) Ce pronom ne s'emploie qu'au singulier, car il ne peut remplacer qu'un substantif indéterminé, comme *on, chacun.*

(Faites souligner et analyser les PRONOMS.*)*

Ma fille, *vous* n'êtes jamais *contente*. Pourquoi êtes-*vous* ainsi *boudeuse* et *nonchalante?* Si *vous* êtes plus *docile*, je *vous* donnerai un métier à broder.

5. — Le cheval marche; *il* trotte, *il* galope.

Cet homme veut être grand : *il* croit l'être, *il* ne l'est pas.

La France a 220 lieues de largeur; *elle* en a 240 de longueur.

Connaissez-*vous* Franklin? — C'est *lui* qui a inventé les paratonnerres.

Aimez l'étude : c'est *elle* qui donne les véritables richesses. *Je lui* dois tout ce que *je* possède. (*Lui* pour *à elle*.)

Parmentier a rendu un grand service à la France : c'est à *lui* que nous devons la culture de la pomme de terre.

Voyez la faiblesse des hommes . *ils* tournent au moindre vent, *ils* tombent au moindre choc.

Les Alpes sont de hautes montagnes : *elles* séparent la France de l'Italie.

Les éléphants sont très méfiants : on *les* prend par ruse.

Quand je rencontre des vieillards, je *les* salue toujours.

Je vous lirai l'histoire des Normands. Ce sont *eux* qui firent la conquête de l'Angleterre.

Tâchons d'imiter les grands hommes : la reconnaissance des nations *leur* érige des statues.

6. — Être trop mécontent de *soi* est une faiblesse; être trop content de *soi* est une sottise.

En parlant trop avantageusement de *soi* on est sûr de *se* faire tort dans l'esprit des autres. (Faire tort *à soi*.)

Tromper les autres, c'est *s*'exposer à être trompé *soi*-même.

N'aimer que *soi*, c'est être mauvais citoyen.

Il faut savoir *s*'imposer des privations. (Imposer *à soi*.)

7. — Ce cheval est fougueux, ne vous *en* approchez pas.

L'enfant qui travaille, on *en* est content.

L'élève qui est paresseux, on s'*en* plaint toujours.

L'homme vertueux est estimé partout : les méchants même *en* parlent avec respect.

Le pauvre est d'autant plus à plaindre, que le riche *en* exige un travail pénible et cependant très mal payé.

Je viens d'acheter de la créosote. On s'*en* sert avec succès pour guérir le mal de dents.

quand on dit *j'en parle*, on peut entendre *je parle* DE LUI, D'ELLE, etc., selon la personne ou la chose dont le nom a été exprimé auparavant.

Y, qui signifie *à cela, à cette chose, à ces choses;* comme quand on dit : *Je m'y applique,* c'est-à-dire *je m'applique* A CELA (à cette chose, à ces choses).

Règle des Pronoms.

8. — Les pronoms *il, elle, ils, elles,* doivent toujours être du même genre et au même nombre que le nom dont ils tiennent la place : ainsi, en parlant de la tête, dites ELLE *me fait mal;* ELLE, parceque ce pronom se rapporte à *tête,* qui est du féminin et au singulier; et, en parlant de plusieurs jardins, dites ILS *sont beaux;* ILS, parceque ce pronom se rapporte à *jardins,* qui est du masculin et au pluriel.

AUTRES SORTES DE PRONOMS.

Pronoms Possessifs.

9. — Il y a des pronoms qui marquent la possession d'une chose : c'est pour cela qu'on les appelle *pronoms* POSSESSIFS.

SINGULIER.		PLURIEL.	
Masculin.	*Féminin.*	*Masculin.*	*Féminin.*
Le Mien.	La Mienne.	Les Miens.	Les Miennes.
Le Tien.	La Tienne.	Les Tiens.	Les Tiennes.
Le Sien.	La Sienne.	Les Siens.	Les Siennes.
Le Nôtre.	La Nôtre.	*Des deux genres.*	
Le Vôtre.	La Vôtre.	Les Nôtres. — Les Vôtres.	
Le Leur.	La Leur.	Les Leurs.	

Pronoms Démonstratifs.

10. — Il y a des pronoms qui servent à montrer la chose dont on parle. C'est pour cela qu'on les appelle *pronoms* DÉMONSTRATIFS.

Voyez les grands hommes : on *en* parle toujours avec admiration et respect.

L'homme qui a su vaincre ses passions et *y* mettre un frein a remporté la plus belle des victoires.

Cette affaire m'intéresse : j'*y* donnerai tous mes soins.

Je m'occupe d'une découverte importante : j'*y* attache le plus grand prix.

J'ai connu le malheur et j'*y* sais compatir.

(Faites souligner et analyser les PRONOMS.*)*

8. — Une grande idée, dès qu'*elle* a été lancée au monde, n'appartient plus aux hommes : *elle* est plus forte qu'*eux*.

La Grèce a jadis enseigné les nations : pourquoi *celles-ci* ont-*elles* oublié leur mère aux jours de l'esclavage? Pourquoi ne se sont-*elles* pas rappelé ce qu'*elles* étaient et ce qu'*elles* sont ?

Pour trouver le bien, il faut *le* chercher.

Les faux amis sont comme l'ombre d'un cadran solaire : *elle* paraît, si le ciel est serein ; *elle se* cache, *s'il* est nébuleux.

Un proverbe italien dit, en parlant du joueur : *Il* est venu pour avoir de la laine, *il s'*en est retourné tondu.

Il est défendu aux Juifs de travailler le jour du sabat : *ils* n'allument point de feu ; *ils* ne portent point d'eau : *ils* sont comme enchaînés dans leur repos.

(Faites souligner et analyser les PRONOMS POSSESSIFS.*)*

9.—Chaque nation a une mission sur la terre. Aucune d'elles n'a accompli plus dignement *la sienne* que la Grèce : c'est elle qui, la première, a dit à l'homme : Connais-toi toi-même.

Chacun veut que le bonheur d'autrui ne trouble pas *le sien.*

L'imagination d'autrui nous dupe aussi souvent que *la nôtre.*

Trop souvent on croit voir l'opinion publique dans *la sienne.*

Autrefois le chef de chaque famille gouvernait *la sienne* avec un pouvoir absolu.

La marine anglaise est plus nombreuse que *la nôtre.* Les Américains sont fiers de *la leur.*

(Faites souligner et analyser les PRONOMS DEMONSTRATIFS.*)*

10. — *Celui* qui se croit habile se trompe souvent.

On fabrique maintenant des fusils à piston : *ceux* que l'on fabriquait autrefois offraient moins d'avantages.

Les cornes sont la défense des taureaux; l'aiguillon, *celle* de abeille ; la raison, *celle* de l'homme.

Remarque. Celui-ci, celle-ci, s'emploient pour montrer des choses qui sont proches : *celui-là, celle-là,* pour montrer des choses éloignées.

Pronoms RELATIFS.

11. — Il y a des pronoms qui ont un rapport, une relation intime avec un nom qui est devant. C'est pour cela qu'on les appelle *pronoms* RELATIFS.

Quand je dis *Dieu* QUI *a créé le monde,* QUI se rapporte à *Dieu ; le livre* QUE *je lis,* QUE se rapporte à *livre.*

Des deux GENRES *et des deux* NOMBRES.

QUI : { Un rosier *qui* fleurit.
Une rose *qui* s'effeuille.
Des fruits *qui* tombent.

QUE : { Un fleuve *que* l'on traverse.
Une maison *que* l'on construit.
Des pauvres *que* l'on secourt.

DONT
ou
DE QUI : { L'élève *dont* je me plains.
La viande *dont* je me nourris.
Les élèves *de qui* je suis content.

Le mot auquel *qui* ou *que* se rapporte s'appelle *antécédent.* Dans les deux exemples ci-dessus, *Dieu* est l'antécédent du pronom relatif QUI ; *livre* est l'antécédent du pronom relatif QUE.

12. — Les pronoms relatifs *qui, que* s'accordent avec leur antécédent en *genre,* en *nombre* et en *personne.* Ainsi, dans cet exemple, *l'enfant* QUI *joue,* QUI est au singulier et à la troisième personne, parceque *l'enfant* est au singulier et à la troisième personne. Il est du *masculin* si c'est un petit garçon qui joue ; il est du *féminin* si c'est une petite fille (1).

____

(1) Il y a un autre pronom relatif : *lequel* pour le masculin,

Les étoffes de nos fabriques sont moins solides que *celles* d'autrefois ; mais *celles-ci* étaient en général moins éclatantes.

Préférez les talents à la beauté : *ceux-là* plaisent dans tous les temps ; *celle-ci* n'a qu'un temps pour plaire.

(Faites souligner les **PRONOMS RELATIFS.***)*

11. — L'homme *qui* joue perd son temps.

Le soleil est l'astre *que* nous admirons le plus.

Vous ne connaissez pas l'ennui *qui* dévore les grands.

La comète *que* nous voyons en ce moment tourne sur elle-même comme les autres planètes.

Le gaz *qui* nous éclaire s'extrait de la houille, de l'huile et de la résine.

Il y a des rosiers *qui* fleurissent quatre fois par an.

Le livre *qui* plaît le plus n'est pas toujours le plus utile.

C'est l'industrie et le commerce *qui* font la richesse d'un pays.

Les peuples sont nombreux comme les grains de mil *que* l'on jette aux oiseaux.

L'envie est un hommage *que* l'infériorité rend au mérite.

La conscience est un juge incorruptible *qui* ne s'apaise jamais ; un miroir *qui* nous montre nos'fautes ; un bourreau *qui* nous déchire le cœur.

Il n'est point de malheur *dont* quelqu'un ne profite.

Le mensonge est un vice *dont* on ne saurait avoir trop d'horreur.

*(Faites souligner l'*ANTÉCÉDENT.*)*

J'ai été voir une *machine* qui coud un habit en dix minutes.

L'homme qui se corrige de ses défauts remporte une belle victoire.

(Faites souligner et analyser les **PRONOMS RELATIFS.***)*

12. — La France est fière des grands hommes *qui* l'ont illustrée.

On appelle cétacés les poissons *qui* sont de la famille des baleines.

Le marbre *que* nous voyons si poli est tout-à-fait brut quand il sort de la carrière.

La pluie *qui* tombe fertilise les terres.

Un guet-apens est une embûche *que* l'on dresse à quelqu'un pour lui faire violence.

---

laquelle pour le féminin. Exemples : *Le cabinet dans* LEQUEL *il a été renfermé.* — *La chambre dans* LAQUELLE *je suis entré.*

Pronoms INTERROGATIFS.

13.—Les pronoms *qui, que, quel, quelle, lequel, laquelle,* sont quelquefois *interrogatifs,* comme quand on dit : QUI *a fait cela ?* QUE *vous dirai-je ?*

Qui ou *que* est interrogatif quand il n'a point d'antécédent, et qu'on peut le tourner par *quelle personne ?* ou *quelle chose ?* Dans les deux exemples ci-dessus, on peut dire : *quelle personne* a fait cela ? *quelle chose* vous dirai-je ?

Pronoms INDÉFINIS.

14.—On appelle pronoms *indéfinis* ceux qui désignent les personnes et les choses d'une manière *vague et indéfinie,* comme : *on, quelqu'un, quiconque, chacun, autrui, personne.* Quand je dis : ON *frappe à la porte,* QUELQU'UN *vous appelle,* je parle d'une personne, mais je ne désigne pas laquelle.

CHAPITRE V.

—

CINQUIÈME ESPÈCE DE MOTS.

LE VERBE.

1.—Le VERBE est un mot dont on se sert pour exprimer que l'on est ou que l'on fait quelque chose (1) : ainsi le mot *être, je suis,* est un verbe ; le mot *lire, je lis,* est un verbe.

---

(1) En d'autres termes : Le verbe est un mot qui exprime *l'affirmation.* Quand on dit : « L'air *n'est pas* visible », on AFFIRME que *l'air n'est pas visible.*

(Faites souligner et analyser les pronoms INTERROGATIFS.)

13. — Par *qui* l'imprimerie fut-elle inventée? — Par Guttemberg.

Que pouvait la valeur contre la trahison?

Qui peut lire l'Evangile sans en trouver la morale sublime?

Quel a été le plus grand capitaine de son siècle?—Napoléon.

Qui entreprit le premier voyage autour du monde?—Magellan.

Qui fut le successeur de Henri IV?—Louis XIII, son fils.

Par *qui* fut gagnée la bataille de Rocroi, en 1643? — Par le grand Condé.

(Faites souligner les PRONOMS INDÉFINIS, et demandez pourquoi on les appelle ainsi.)

14. — *On* n'est jamais aussi aisément trompé que lorsqu'*on* songe à tromper les autres.

Chacun dit du bien de son cœur, et personne n'ose en dire de son esprit.

On est content de soi quand *on* a fait une bonne action.

On fabrique la chandelle avec la graisse des animaux.

Quiconque se livre à l'étude avec opiniâtreté réussira certainement.

CHAPITRE V.

—

CINQUIÈME ESPÈCE DE MOTS.

(Faites souligner les VERBES.)

1. — Le puits où l'on *tire* souvent de l'eau *est* rarement à sec.

Fanez le foin lorsque le soleil *brille*.

La fortune *est* aveugle et *rend* aveugle.

L'imprimerie *a changé* l'état moral de la société ; [les machines à vapeur *changent* tout ce qui *tient* à la vie matérielle.

Enfants, quand vous *rougissez*, c'est Dieu qui vous *avertit*.

On *divise* le monde en cinq parties.

2. — On connaît un verbe en français quand on peut y ajouter un des pronoms *je, tu, il, nous, vous, ils,* avec un changement de terminaison, comme je *lis,* tu *lis,* il *lit ;* nous *lisons,* vous *lisez,* ils *lisent.*

Les verbes devant lesquels on peut mettre *je, nous,* sont à la première personne : JE *lis,* NOUS *lisons.*

Les verbes devant lesquels on peut mettre *tu, vous,* sont à la deuxième personne : TU *lis,* VOUS *lisez.*

Les verbes devant lesquels on peut mettre *il, elle, ils, elles,* ou un *substantif,* sont à la troisième personne : IL *lit,* ELLE *lit ;* ILS *lisent,* ELLES *lisent ;* L'ENFANT *lit,* LES ENFANTS *lisent.*

3. — Il y a dans les verbes deux *nombres :* le *singulier,* quand on parle d'une seule personne, comme *je lis, l'enfant dort ;* le *pluriel,* quand on parle de plusieurs personnes, comme *nous lisons, les enfants dorment.*

4. — Il y a trois *temps :* le *présent,* qui marque que la chose se fait actuellement, comme *je lis ;* le *passé,* qui marque que la chose a été faite, comme *j'ai lu ;* le *futur,* qui marque que la chose se fera, comme *je lirai.*

5. — Il y a cinq *modes* ou manières de présenter l'affirmation exprimée par le verbe.

1º L'*indicatif,* quand on affirme simplement qu'une chose est, ou qu'elle a été, ou qu'elle sera.

2º Le *conditionnel,* quand on affirme qu'une chose serait ou qu'elle aurait été, moyennant une condition.

3º L'*impératif,* quand à l'affirmation se joint une idée de commandement, de prière ou d'exhortation.

(Faites souligner les **VERBES***, et faites-y ajouter un des* **PRO-
NOMS PERSONNELS***.)*

2. — Les hommes *font* les lois, les femmes *font* les mœurs.
(**ILS, ELLES** *font.*)

Il faut bien des pelletées de terre pour *enterrer* la vérité.
(*J'enterre.*)

Les hommes *sont* égaux devant la loi. (**ILS** *sont.*)

L'oisiveté *ressemble* à la rouille : elle *use* beaucoup plus que
le travail.

(Faites souligner les **VERBES** *et indiquer les* **PERSONNES***.)*

Nous naissons dans les pleurs, *nous vivons* dans les plaintes,
et *nous mourons* dans les regrets.

Si *tu veux* qu'une chose soit secrète, ne la *dis* pas. Si *tu* ne
veux pas qu'on la sache, ne la *fais* pas.

Vous croyez que la taupe est aveugle : *vous vous trompez.*
Un grand cœur *méprise* la mauvaise fortune.

(Faites souligner les **VERBES** *et indiquer les* **NOMBRES***.)*

3. — Une once de discrétion *vaut* une once d'esprit.

Élevez vos enfants : *vous saurez* combien *vous devez* à votre
père et à votre mère.

Les chevaux arabes *supportent* aisément la faim et la fatigue.
L'industrie *est* à peu près nulle en Espagne.

(Faites souligner les **VERBES** *et indiquer les* **TEMPS***.)*

4. — Un petit feu qui *échauffe vaut* mieux qu'un grand feu
qui *brûle.* (**PRÉS.**)

On *assure* (**PRÉS.**) que Louis XVII *mourut* le 8 juin 1795, à
l'âge de dix ans. (**PASSÉ**)

Les chemins de fer *donneront* une grande impulsion au commerce. (**FUT.**)

(Faites souligner les **VERBES** *et indiquer les* **MODES***.)*

5. — Le danger commun *rend* les hommes amis.

L'invention des armes à feu, au 14e siècle, *opéra* une grande
révolution dans l'art militaire.

Sans la laideur que *serait* la beauté ?
Les bègues *parleraient* mieux s'ils se pressaient moins.
Si l'homme savait borner ses desirs, *il serait* toujours heu-
reux.

Fais le bien, et ne *regarde* pas à qui.
Soyez certains que la persécution vivifie.

4º Le *subjonctif*, quand le verbe est sous la dépendance d'un autre verbe, comme : *Il faut que tu travailles.*

5º L'*infinitif*, quand on présente l'action ou l'affirmation d'une manière vague, sans nombre ni personne, comme *lire, être.*

(Réciter de suite les différents modes d'un verbe avec tous leurs temps, leurs nombres et leurs personnes, cela s'appelle *conjuguer*.)

6. — Il y a en français *quatre* conjugaisons différentes, que l'on distingue par la terminaison de l'infinitif (1).

La première conjugaison a l'infinitif terminé en *er*, comme *aimer*; la seconde a l'infinitif terminé en *ir*, comme *finir*; la troisième a l'infinitif terminé en *oir*, comme *recevoir*; la quatrième a l'infinitif terminé en *re*, comme *rendre*.

Il y a deux verbes que l'on nomme *auxiliaires*, parcequ'ils aident à conjuguer tous les autres : nous commencerons par ces deux verbes.

-----

(1) Cette division est réellement arbitraire : il n'y aurait aucun inconvénient à la supprimer.

On a raison d'exiger *que* tous les Français *sachent* au moins lire et écrire.

Aimez le travail, *afinque vous puissiez* un jour vous suffire à vous-même.

Placer l'esprit avant le bon sens, c'est *placer* le superflu avant le nécessaire.

Laisser les crimes impunis, c'est les *multiplier.*

J'aime mieux *mourir* que me *déshonorer.*

(Faites indiquer le NUMÉRO *de la conjugaison.)*

6. — *Visiter* les malades. — *Utiliser* son temps.
Adoucir une peine. — *Subir* un examen.
Savoir sa leçon. — *Recevoir* des éloges.
Défendre la patrie. — *Rompre* ses fers.

Obliger quelqu'un. — *Honorer* la vertu.
Remplir un devoir. — *Chérir* sa mère.
Vouloir le bien. — *Revoir* son pays.
Combattre l'ennemi. — *Ecrire* une lettre.

Aimer le travail. — *Remporter* un prix.
Guérir les malades. — *Punir* le vol.
Voir clair. — *Avoir* raison.
Lire de bons livres. — *Faire* son bonheur.

Se *lever* matin. — *Traverser* une rivière.
Dormir peu. — *Tenir* sa parole.
Pourvoir à ses besoins.— *Echoir* en partage.
Rendre service. — *Plaindre* les malheureux.

VERBE **AVOIR.**

INFINITIF (1).

Temps simples.	*Temps composés.*
PRÉSENT *OU* **FUTUR.**	**PASSÉ.**
Av *oir*	Av *oir* eu

PARTICIPES

PRÉSENT.	**PASSÉ.**
Ay *ant.*	Ay *ant* eu

INDICATIF.

PRÉSENT.		**PASSÉ INDÉFINI.**	
Aujourd'hui,		*Hier,*	
J' ai (*peur*)		J' ai	eu
Tu a *s*		Tu a *s*	eu
Il a		Il a	eu
Nous av *ons*		N. av *ons*	eu
Vous av *ez*		V. av *ez*	eu
Ils *ont.*		Ils *ont*	eu

PASSÉ IMPARFAIT.		**PASSÉ PLUSQUEPARFAIT.**	
Hier,		*Hier,*	
J' av *ais* (*faim*)		J' av *ais*	eu
Tu av *ais*		Tu av *ais*	eu
Il av *ait*		Il av *ait*	eu
N. av *ions*		N. av *ions*	eu
V. av *iez*		V. av *iez*	eu
Ils av *aient*		Ils av *aient*	eu

PASSÉ DÉFINI.		**PASSÉ ANTÉRIEUR.**	
Hier,		*'Hier, dèsque*	
J' eu *s* (*soif*)		J' eu *s*	eu
Tu eu *s*		Tu eu *s*	eu
Il eu *t*		Il eu *t*	eu
N. eû *mes*		N. eû *mes*	eu
V. eû *tes*		V. eû *tes*	eu
Ils eu *rent*		Ils eu *rent*	eu

FUTUR.		**FUTUR ANTÉRIEUR.**	
Demain,		*Demain à midi,*	
J' au *rai* (*froid*)		J' au *rai*	eu
Tu au *ras*		Tu au *ras*	eu
Il au *ra*		Il au *ra*	eu
N. au *rons*		N. au *rons*	eu
V. au *rez*		V. au *rez*	eu
Ils au *ront*		Ils au *ront*	eu

(1) Voyez les *exercices* page 54.

SUITE DU VERBE AVOIR.

CONDITIONNEL.

Temps simples.	*Temps composés.*

PRÉSENT.

Aujourd'hui, si on le voulait,

J' au *rais* (*du plaisir*)
Tu au *rais*
Il au *rait*
N. au *rions*
V. au *riez*
Ils au *raient*

PASSÉ.

Hier, si on l'avait voulu,

J' au *rais*   eu
Tu au *rais*   eu
Il au *rait*   eu
N. au *rions*   eu
V. au *riez*   eu
Ils au *raient*   eu

AUTRE PASSÉ. J'eu*sse* eu, tu eu *sses* eu, il eû *t* eu, nous eu *ssions* eu, vous eu *ssiez* eu, ils eu *ssent* eu.

IMPÉRATIF.

PRÉSENT.

Aujourd'hui,
Ai *e* (*du courage*)
Ay *ons*
Ay *ez*

FUTUR ANTÉRIEUR.

Demain à midi,
Ai *e*   eu
Ay *ons*   eu
Ay *ez*   eu

SUBJONCTIF.

PRÉSENT *OU* FUTUR.

Il faut
Que j' ai *e* (*un prix*)
Que tu ai *es*
Qu' il ai *t*
Que n. ay *ons*
Que v. ay *ez*
Qu' ils ai *ent*

PASSÉ INDÉFINI.

Il est possible
Que j' ai *e*   eu
Que tu ai *es*   eu
Qu' il ai *t*   eu
Que n. ay *ons*   eu
Que v ayez   eu
Qu' ils ai *ent*   eu

PASSÉ IMPARFAIT.

Hier, il fallait
Que j' eu *sse* (*raison*)
Que tu eu *sses*
Qu' il eû *t*
Que n. eu *ssions*
Que v. eu *ssiez*
Qu' ils eu *ssent*

PASSÉ PLUSQUEPARFAIT.

Hier, on voulait
Que j' eu *sse*   eu
Que tu eu *sses*   eu
Qu' il eû *t*   eu
Que n. eu *ssions* eu
Que v. eu *ssiez*   eu
Qu' ils eu *ssent* eu

VERBE **ÊTRE.**

INFINITIF (1).

Temps simples.	*Temps composés.*
PRÉSENT OU FUTUR.	**PASSÉ.**
Êt*re*	Av*oir* été

PARTICIPES

PRÉSENT.	**PASSÉ.**
Et*ant*	Ay*ant* été

INDICATIF.

PRÉSENT.	**PASSÉ INDÉFINI.**
Aujourd'hui,	*Hier,*
Je sui*s* (*vertueux*)	J' ai été
Tu e*s*	Tu a*s* été
Il es*t*	Il a été
N. som*mes*	N. av*ons* - été
V. êt*es*	V. av*ez* été
Ils so*nt*	Ils ont été

PASSÉ IMPARFAIT.	**PASSÉ PLUSQUEPARFAIT.**
Hier,	*Hier,*
J' ét*ais* (*joyeux*)	J' av*ais* été
Tu ét*ais*	Tu av*ais* été
Il ét*ait*	Il av*ait* été
N. ét*ions*	N. av*ions* été
V. ét*iez*	V. av*iez* été
Ils ét*aient*	Ils av*aient* été

PASSÉ DÉFINI.	**PASSÉ ANTÉRIEUR.**
Hier,	*Hier, dèsque*
Je fu*s* (*peureux*)	J' eu*s* été
Tu fu*s*	Tu eu*s* été
Il fu*t*	Il eu*t* été
N. fû*mes*	N. eû*mes* été
V. fû*tes*	V. eû*tes* été
Ils fu*rent*	Ils eu*rent* été

FUTUR.	**FUTUR ANTÉRIEUR.**
Demain,	*Demain à midi,*
Je se*rai* (*courageux*)	J' au*rai* été
Tu se*ras*	Tu au*ras* été
Il se*ra*	Il au*ra* été
N. se*rons*	N. au*rons* été
V. se*rez*	V. au*rez* été
Ils se*ront*	Ils au*ront* été

---

(1) Voyez les *exercices*, page 54.

SUITE DU VERBE **ÊTRE.**

CONDITIONNEL.

Temps simples.		*Temps composés.*		
PRÉSENT.		**PASSÉ.**		
Aujourd'hui, si on le voulait,		*Hier, si on l'avait voulu,*		
Je	se *rais* (*heureux*)	J'	au *rais*	été
Tu	se *rais*	Tu	au *rais*	été
Il	se *rait*	Il	au *rait*	été
N.	se *rions*	N.	au *rions*	été
V.	se *riez*	V.	au *riez*	été
Ils	se *raient*	Ils	au *raient*	été

AUTRE PASSÉ. J'eu *sse* été, tu eu *sses* été, il eû *t* été, nous eu *ssions* été, vous eu *ssiez* été, ils eu *ssent* été.

IMPÉRATIF.

PRÉSENT.		**FUTUR ANTÉRIEUR.**		
Aujourd'hui,		*Demain à midi,*		
Soi *s* (*studieux*)		Ai *e*		été
Soy *ons*		Ay *ons*		été
Soy *ez*		Ay *ez*		été

SUBJONCTIF.

PRÉSENT *ou* **FUTUR.**		**PASSÉ INDÉFINI.**		
Il faut		*Il est possible*		
Que je soi *s* (*généreux*)		Que j' ai *e*		été
Que tu soi *s*		Que tu ai *es*		été
Qu' il soi *t*		Qu' il ai *t*		été
Que n. soy *ons*		Que n. ay *ons*		été
Que v. soy *ez*		Que v. ay *ez*		été
Qu' ils soi *ent*		Qu' ils ai *ent*		été

PASSÉ IMPARFAIT.		**PASSÉ PLUSQUEPARFAIT.**		
Hier, il fallait		*Hier, on voulait*		
Que je fu *sse* (*soumis*)		Que j' eu *sse*		été
Que tu fu *sses*		Que tu eu *sses*		été
Qu' il fû *t*		Qu' il eû *t*		été
Que n. fu *ssions*		Que n. eu *ssions*		été
Que v. fu *ssiez*		Que v. eu *ssiez*		été
Qu' ils fu *ssent*		Qu' ils eu *ssent*		été

VERBE EN **ER.**

INFINITIF (1).

Temps simples.	*Temps composés.*
PRÉSENT *OU* FUTUR.	PRÉSENT.
Aim *er*	Av *oir* aimé

PARTICIPES

PRÉSENT.	PASSÉ.
Aim *ant*	Ay *ant* aimé

INDICATIF.

PRÉSENT.	PASSÉ INDÉFINI.
Aujourd'hui,	*Hier,*
J' aim *e*	J' ai aimé
Tu aim *es*	Tu a *s* aimé
Il aim *e*	Il a aimé
N aim *ons*	N. av *ons* aimé
V. aim *ez*	V. av *ez* aimé
Ils aim *ent*	Ils *ont* aimé

PASSÉ IMPARFAIT.	PASSÉ PLUSQUEPARFAIT.
Hier,	*Hier,*
J' aim *ais*	J' av *ais* aimé
Tu aim *ais*	Tu av *ais* aimé
Il aim *ait*	Il av *ait* aimé
N. aim *ions*	N. av *ions* aimé
V. aim *iez*	V. av *iez* aimé
Ils aim *aient*	Ils av *aient* aimé

PASSÉ DÉFINI.	PASSÉ ANTÉRIEUR.
Hier,	*Hier, dèsque*
J' aim *ai*	J' eu *s* aimé
Tu aim *as*	Tu eu *s* aimé
Il aim *a*	Il eu *t* aimé
N. aim *âmes*	N. eû *mes* aimé
V. aim *âtes*	V. eû *tes* aimé
Ils aim *èrent*	Ils eu *rent* aimé

FUTUR.	FUTUR ANTÉRIEUR.
Demain,	*Demain à midi,*
J' aime *rai*	J' au *rai* aimé
Tu aime *ras*	Tu au *ras* aimé
Il aime *ra*	Il au *ra* aimé
N. aime *rons*	N. au *rons* aimé
V. aime *rez*	V. au *rez* aimé
Ils aime *ront*	Ils au *ront* aimé

(1) Voyez les *exercices,* page 54.

SUITE DU VERBE EN **ER**.

CONDITIONNEL.

Temps simples.	*Temps composés.*

PRÉSENT.	**PASSÉ.**
Aujourd'hui, si on le voulait,	*Hier, si on l'avait voulu,*
J' aime *rais*	J' au *rais* aimé
Tu aime *rais*	Tu au *rais* aimé
Il aime *rait*	Il au *rait* aimé
N. aime *rions*	N. au *rions* aimé
V. aime *riez*	V. au *riez* aimé
Ils aime *raient*	Ils au *raient* aimé

AUTRE PASSÉ. J'eu *sse* aimé, tu eu *sses* aimé, il eû *t* aimé, n. eu *ssions* aimé, v. eu *ssiez* aimé, ils eu *ssent* aimé.

IMPÉRATIF.

PRÉSENT.	**FUTUR ANTÉRIEUR.**
Aujourd'hui,	*Demain à midi,*
Aim *e*	Ai *e* aimé
Aim *ons*	Ay *ons* aimé
Aim *ez*	Ay *ez* aimé

SUBJONCTIF.

PRÉSENT *OU* **FUTUR.**	**PASSÉ INDÉFINI.**
Il faut	*Il est possible*
Que j' aim *e*	Que j' ai *e* aimé
Que tu aim *es*	Que tu ai *es* aimé
Qu' il aim *e*	Qu' il ai *t* aimé
Que n. aim *ions*	Que n. ay *ons* aimé
Que v. aim *iez*	Que v. ay *ez* aimé
Qu' ils aim *ent*	Qu' ils ai *ent* aimé

PASSÉ IMPARFAIT.	**PASSÉ PLUSQUEPARFAIT.**
Hier, il fallait	*Hier, on voulait*
Que j' aim *asse*	Que j' eu *sse* aimé
Que tu aim *asses*	Que tu eu *sses* aimé
Qu' il aim *ât*	Qu' il eû *t* aimé
Que n. aim *assions*	Que n. eu *ssions* aimé
Que v. aim *assiez*	Que v. eu *ssiez* aimé
Qu' ils aim *assent*	Qu' ils eu *ssent* aimé

Conjuguez de même *charmer, fermer, danser, parler, chanter, travailler,* et autres.

VERBE EN IR.

INFINITIF (1).

Temps simples.

PRÉSENT ou FUTUR.
Fin *ir*.

Temps composés.

PRÉSENT.
Avoir fini

PARTICIPES

PRÉSENT.
Fin *issant*

PASSÉ.
Ayant fini

INDICATIF.

PRÉSENT.
Aujourd'hui,

Je fin *is*
Tu fin *is*
Il fin *it*
N. fin *issons*
V. fin *issez*
Ils fin *issent*

PASSÉ INDÉFINI.
Hier,

J' ai fini
Tu a *s* fini
Il a fini
N. av *ons* fini
V. av *ez* fini
Ils ont fini

PASSÉ IMPARFAIT.
Hier,

Je fini *ssais*
Tu fini *ssais*
Il fini *ssait*
N. fini *ssions*
V. fini *ssiez*
Ils fini *ssaient*

PASSÉ PLUSQUEPARFAIT.
Hier,

J' av *ais* fini
Tu av *ais* fini
Il av *ait* fini
N. av *ions* fini
V. av *iez* fini
Ils av *aient* fini

PASSÉ DÉFINI.
Hier,

Je fin *is*
Tu fin *is*
Il fin *it*
N. fin *îmes*
V. fin *îtes*
Ils fin *irent*

PASSÉ ANTÉRIEUR.
Hier, dèsque

J' eu *s* fini
Tu eu *s* fini
Il eu *t* fini
N. eû *mes* fini
V. eû *tes* fini
Ils eu *rent* fini

FUTUR.
Demain,

Je fini *rai*
Tu fini *ras*
Il fini *ra.*
N. fini *rons.*
V. fini *rez*
Ils fini *ront*

FUTUR ANTÉRIEUR.
Demain à midi,

J' au *rai* fini
Tu au *ras* fini
Il au *ra* fini
N. au *rons* fini
V. au *rez* fini
Ils au *ront* fini

(1) Voyez les *exercices*, page 54.

SUITE DU VERBE EN **IR**.

CONDITIONNEL.

Temps simples.	*Temps composés.*
PRÉSENT.	**PASSÉ.**

Aujourd'hui, si on le voulait,	*Hier, si on l'avait voulu,*
Je fini *rais*	J' au *rais* fini
Tu fini *rais*	Tu au *rais* fini
Il fini *rait*	Il au *rait* fini
N. fini *rions.*	N. au *rions* fini
V. fini *riez*	V. au *riez* fini
Ils fini *raient*	Ils au *raient* fini

AUTRE PASSÉ. J'eu *sse* fini, tu eu *sses* fini, il eû *t* fini, nous eu *ssions* fini, vous eu *ssiez* fini, ils eu *ssent* fini.

IMPÉRATIF.

PRÉSENT.	**FUTUR ANTÉRIEUR.**

Aujourd'hui,	*Demain à midi,*
Fin *is*	Ai *e* fini
Fin *issons*	Ay *ons* fini
Fin *issez*	Ay *ez* fini

SUBJONCTIF.

PRÉSENT *ou* **FUTUR.**	**PASSÉ INDÉFINI.**

Il faut	*Il est possible*
Que je fin *isse*	Que j' ai *e* fini
Que tu fin *isses*	Que tu ai *es* fini
Qu' il fin *isse*	Qu' il ai *t* fini
Que n. fin *issions*	Que n. ay *ons* fini
Que v. fin *issiez*	Que v. ay *ez* fini
Qu' ils fin *issent*	Qu' ils ai *ent* fini

PASSÉ IMPARFAIT.	**PASSÉ PLUSQUEPARFAIT.**

Hier, il fallait	*Hier, on voulait*
Que je fin *isse*	Que j' eu *sse* fini
Que tu fin *isses*	Que tu eu *sses* fini
Qu' il fin *it*	Qu' il eû *t* fini
Que n. fin *issions*	Que n. eu *ssions* fini
Que v. fin *issiez*	Que v. eu *ssiez* fini
Qu' ils fin *issent*	Qu' ils eu *ssent* fini

Conjuguez de même *définir, punir, avertir, guérir, ensevelir, chérir, remplir,* etc.

VERBE EN **OIR.**

INFINITIF (1).

Temps simples.	*Temps composés.*

PRÉSENT *OU* FUTUR. — **PRÉSENT.**

Recev *oir* — Av *oir* reçu

PARTICIPES

PRÉSENT. — **PASSÉ.**

Recev *ant* — Ay *ant* reçu

INDICATIF.

PRÉSENT. — **PASSÉ.**

Aujourd'hui, — *Hier,*

Je reç *ois*	J' a *i*	reçu
Tu reç *ois*	Tu a *s*	reçu
Il reç *oit*	Il a	reçu
N. recev *ons*	N. av *ons*	reçu
V. recev *ez*	V. av *ez*	reçu
Ils reçoiv *ent*	Ils ont	reçu

PASSÉ IMPARFAIT. — **PASSÉ PLUSQUEPARFAIT.**

Hier, — *Hier,*

Je recev *ais*	J' av *ais*	reçu
Tu recev *ais*	Tu av *ais*	reçu
Il recev *ait*	Il av *ait*	reçu
N. recev *ions*	N. av *ions*	reçu
V. recev *iez*	V. av *iez*	reçu
Ils recev *aient*	Ils av *aient*	reçu

PASSÉ DÉFINI. — **PASSÉ ANTÉRIEUR.**

Hier, — *Hier, dèsque*

Je reç *us*	J' eu *s*	reçu
Tu reç *us*	Tu eu *s*	reçu
Il reç *ut*	Il eu *t*	reçu
N. reç *ûmes*	N. eû *mes*	reçu
V. reç *ûtes*	V. eû *tes*	reçu
Ils reç *urent*	Ils eu *rent*	reçu

FUTUR. — **FUTUR ANTÉRIEUR.**

Demain, — *Demain à midi,*

Je recev *rai*	J' au *rai*	reçu
Tu recev *ras*	Tu au *ras*	reçu
Il recev *ra*	Il au *ra*	reçu
N. recev *rons*	N. au *rons*	reçu
V. recev *rez*	V. au *rez*	reçu
Ils recev *ront*	Ils au *ront*	reçu

(1) Voyez les *exercices*, page 54.

SUITE DU VERBE EN **OIR**.

CONDITIONNEL.

Temps simples.	*Temps composés.*
PRÉSENT.	**PASSÉ.**

Aujourd'hui, si on le voulait,		*Hier, si on l'avait voulu,*	
Je recev *rais*		J' au *rais*	reçu
Tu recev *rais*		Tu au *rais*	reçu
Il recev *rait*		Il au *rait*	reçu
N. recev *rions*		N. au *rions*	reçu
V. recev *riez*		V.'au *riez*	reçu
Ils recev *raient*		Ils au *raient*	reçu

AUTRE PASSE. J'eu *sse* reçu, tu eu *sses* reçu, il eû *t* reçu, n. eu *ssions* reçu, v. eu *ssiez* reçu, ils eu *ssent* reçu.

IMPÉRATIF.

PRÉSENT.	**FUTUR ANTÉRIEUR.**
Aujourd'hui,	*Demain à midi,*

Aujourd'hui,		*Demain à midi,*	
Reçoi *s*		Ai *e*	reçu
Rece *vons*		Ay *ons*	reçu
Rece *vez*		Ay *ez*	reçu

SUBJONCTIF.

PRÉSENT *ou* **FUTUR.**		**PASSÉ INDÉFINI.**	
Il faut		*Il est possible*	
Que je reçoiv *e*		Que j' ai *e*	reçu
Que tu reçoiv *es*		Que tu ai *es*	reçu
Qu' il reçoiv *e*		Qu' il ai *t*	reçu
Que n. recev *ions*		Que n. ay *ons*	reçu
Que v. recev *iez*		Que v. ay *ez*	reçu
Qu' ils reçoiv *ent*		Qu' ils ai *ent*	reçu

PASSÉ IMPARFAIT.		**PASSÉ PLUSQUEPARFAIT.**	
Hier, il fallait		*Hier, on voulait*	
Que je reç *usse*		Que j' eu *sse*	reçu
Que tu reç *usses*		Que tu eu *sses*	reçu
Qu' il reç *ût*		Qu' il eû *t*	reçu
Que n. reç *ussions*		Que n. eu *ssions*	reçu
Que v. reç *ussiez*		Que v. eu *ssiez*	reçu
Qu' ils reç *ussent*		Qu' ils eu *ssent*	reçu

Ainsi se conjugent *pourvoir, apercevoir, concevoir, devoir, percevoir.*

VERBE EN **RE.**

INFINITIF (1).

Temps simples.	*Temps composés.*
PRÉSENT *ou* FUTUR.	PRÉSENT.
Rend *re*	Av *oir* rendu

PARTICIPES

PRÉSENT.	PASSÉ INDÉFINI.
Rend *ant*	Ay *ant* rendu

INDICATIF.

PRÉSENT.	PASSÉ INDÉFINI.
Aujourd'hui,	*Hier,*
Je rend *s*	J' ai rendu
Tu rend *s*	Tu a *s* rendu
Il rend	Il a rendu
N. rend *ons*	N. av *ons* rendu
V. rend *ez*	V. av *ez* rendu
Ils rend *ent*	Ils ont rendu

PASSÉ IMPARFAIT.	PASSÉ PLUSQUEPARFAIT.
Hier,	*Hier,*
Je rend *ais*	J' av *ais* rendu
Tu rend *ais*	Tu av *ais* rendu
Il rend *ait*	Il av *ait* rendu
N. rend *ions*	N. av *ions* rendu
V. rend *iez*	V. av *iez* rendu
Ils rend *aient*	Ils av *aient* rendu

PASSÉ DÉFINI.	PASSÉ ANTÉRIEUR.
Hier,	*Hier, dèsque*
Je rend *is*	J' eu *s* rendu
Tu rend *is*	Tu eu *s* rendu
Il rend *it*	Il eu *t* rendu
N. rend *îmes*	N. eû *mes* rendu
V. rend *îtes*	V. eû *tes* rendu
Ils rend *irent*	Ils eu *rent* rendu

FUTUR.	FUTUR ANTÉRIEUR.
Demain,	*Demain à midi,*
Je rend *rai*	J' au *rai* rendu
Tu rend *ras*	Tu au *ras* rendu
Il rend *ra*	Il au *ra* rendu
N. rend *rons*	N. au *rons* rendu
V. rend *rez*	V. au *rez* rendu
Ils rend *ront*	Ils au *ront* rendu

---

(1) Voyez les *exercices,* page 54.

SUITE DU VERBE EN **RE.**

CONDITIONNEL.

Temps simples.	*Temps composés.*
PRÉSENT.	**PASSÉ.**

Aujourd'hui, si on le voulait,	*Hier, si on l'avait voulu,*
Je rend *rais*	J' au *rais* rendu
Tu rend *rais*	Tu au *rais* {rendu
Il rend *rait*	Il au *rait* rendu
N. rend *rions*	N. au *rions* rendu
V. rend *riez*	V. au *riez* rendu
Ils rend *raient*	Ils au *raient* rendu

AUTRE PASSÉ. J'eu *sse* rendu, tu eu *sses* rendu, il eû *t* rendu, n. eu *ssions* rendu, v. eu *ssiez* rendu, ils eu *ssent* rendu.

IMPÉRATIF.

PRÉSENT.	**FUTUR ANTÉRIEUR.**
Aujourd'hui,	*Demain à midi,*
Rend *s*	Ai *e* † rendu
Rend *ons*	Ay *ons* rendu
Rend *ez*	Ay *ez* rendu

SUBJONCTIF.

PRÉSENT *ou* **FUTUR.**	**PASSÉ INDÉFINI.**
Il faut	*Il est possible*
Que je rend *e*	Que j' ai *e* rendu
Que tu rend *es*	Que tu ai *es* rendu
Qu' il rend *e*	Qu' il ai *t* rendu
Que n. rend *ions*	Que n. ay *ons* rendu
Que v. rend *iez*	Que v. ay *ez* rendu
Qu' ils rend *ent*	Qu' ils ai *ent* rendu

PASSÉ IMPARFAIT.	**PASSÉ PLUSQUEPARFAIT.**
Hier, il fallait	*Hier, on voulait*
Que je rend *isse*	Que j' eu *sse* rendu
Que tu rend *isses*	Que tu eu *sses* rendu
Qu' il rend *it*	Qu' il eû *t* rendu
Que n. rend *issions*	Que n. eu *ssions* rendu
Que v. rend *issiez*	Que v. eu *ssiez* rendu
Qu' ils rend *issent*	Qu' ils eu *ssent* rendu

Ainsi se conjuguent *attendre, défendre, entendre, fondre, mordre, répandre, suspendre, tondre, vendre.*

EXERCICES SUR LES VERBES.

—

QUESTIONNAIRE (1).

1. — (*Dites la première* PERSONNE : *l'élève finira le temps.*)

Le maître. *J'ai* . . .   *L'élève.* Tu as, il a, n. avons, etc.
  —   *J'avais* . .   —   Tu avais, il avait, n. avions.

2. —   (*Demandez un* TEMPS : *l'élève le conjuguera.*)

Le maître. *Futur ?* . .   *L'élève.* J'aurai, tu auras, il aura.
  —   *Passé du condit.*   —   J'aurais eu, tu aurais eu.

3. — (*Dites une* PERSONNE : *l'élève dira la personne* CORRES-
PONDANTE.)

Le maître. *Tu as* . . .   *L'élève.* Vous avez
  —   *Ils ont eu.*   —   Il a eu.

4. — (*Demandez une personne à tel* NOMBRE, *à tel* TEMPS *et à
tel* MODE : *l'élève la dira.*)

Le maître. Prem. pers. du sing. du passé imparf. de l'indic.?
L'élève. J'avais.
Le maître. Troisième personne du pluriel du futur ?
L'élève. Ils auront. (*Et ainsi de suite.*)

—

DICTÉE.

1. — (*Ecrivez la première* PERSONNE : *l'élève finira le temps.*)

Le maître. *J'aurai* . .   *L'élève.* Tu auras, il aura, n. aurons.
  —   *J'aurais eu.*   —   Tu aurais eu, il aurait eu.

2. —   (*Demandez un* TEMPS : *l'élève l'écrira.*)

Le maître. *Futur antérieur?*   *L'élève.* J'aurai eu, tu auras eu.
  —   *Présent de l'impér.*   —   Aie, ayons, ayez.

3. — (*Demandez une personne à tel* NOMBRE, *à tel* TEMPS *et à
tel* MODE : *l'élève l'écrira.*)

Le maître. Deuxième pers. du plur. du prés. de l'indicatif?
L'élève. Vous avez.
Le maître. Première personne du singulier du futur antérieur ?
L'élève. J'aurai eu.

4. — (*Dites une* PERSONNE : *l'élève en écrira l'analyse.*)

Le maître. Vous aviez?
L'élève. Deuxième pers. du plur. du passé imparf. de l'indic.
Le maître. Ayons?
L'élève. Première personne du pluriel de l'impératif présent.

---

(1) Il est bien entendu que ce *modèle* d'exercices servira pour
tous les verbes.

DES TEMPS PRIMITIFS (1).

On appelle *Temps primitifs* d'un verbe ceux qui servent à former les autres temps dans les quatre conjugaisons.

TABLEAU
DES TEMPS PRIMITIFS.

	Présent de l'Infinitif.	Participe présent	Participe passé.	Présent de l'Indicatif.	Passé de l'Indicatif.
Première Conjugaison.	Aimer.	Aimant.	Aimé.	J'aime.	J'aimai.
Seconde Conjugaison.	Finir. Sentir. Ouvrir. Tenir.	Finissant. Sentant. Ouvrant. Tenant.	Fini. Senti. Ouvert. Tenu.	Je finis. Je sens. J'ouvre. Je tiens.	Je finis. Je sentis J'ouvris. Je tins.
Troisième Conjugaison.	Recevoir.	Recevant	Reçu.	Je reçois.	Je reçus.
Quatrième Conjugaison.	Rendre. Plaire. Paraître. Réduire. Plaindre.	Rendant. Plaisant. Paraissant. Réduisant. Plaignant.	Rendu. Plu. Paru. Réduit. Plaint.	Je rends. Je plais. Je parais. Je réduis. Je plains.	Je rendis. Je plus. Je parus. Je réduisis. Je plaignis.

(1) Il n'y a aucun inconvénient à ce que les élèves passent rapidement sur ce qui a rapport à la *formation des temps* et aux *verbes irréguliers.*

1.—Du présent de l'indicatif se forme l'impératif, en ôtant seulement le pronom *je*; exemples : *j'aime*, impér. *aime; je finis*, impér. *finis; je reçois*, impér. *reçois; je rends*, impér. *rends*.

Excepté quatre verbes : *je suis*, imp. *sois*; j'ai, impér. *aie; je vais*, impér. *va; je sais*, impér. *sache*.

2. — Du passé défini de l'indicatif se forme l'imparfait du subjonctif, en changeant *ai* en *asse* pour la première conjugaison : *j'aim*ai, imparf. du subj. *que j'aim*asse; et en ajoutant seulement *se* pour les trois autres conjugaisons : *je finis, que je finisse; je reçus, que je reçusse ; je rendis, que je rendisse*.

3.— Du présent de l'infinitif on forme :

1º Le futur de l'indicatif et le conditionnel présent, en changeant *r* ou *re* en *rai* pour le futur, et *r* ou *re* en *rais*, pour le conditionnel; exemples : *aimer, j'aim*erai, *j'aim*erais; *finir, je fini*rai, *je fini*rais; *rendre, je rend*rai, *je rend*rais.

Remarque. — Cette règle est sujète à un grand nombre d'exceptions que l'on fera connaître plus tard.

4. — Du participe présent on forme le passé imparfait de l'indicatif, en changeant *ant* en *ais :* *aim*ant, imparfait, *j'aim*ais; *finiss*ant, *je finiss*ais; *recev*ant, *je recev*ais; *rend*ant, *je rend*ais.

Exceptions. Il n'y en a que deux : *ayant, j'avais; sachant, je savais*.

(Dictez le temps PRIMITIF : *l'élève écrira l'autre temps.)*

1. — LE M. *J'aime* l'étude. — L'É. *Aime* l'étude.
   Je *finis* mon devoir.   *Finis* ton devoir.
   Je *reçois* un conseil.   *Reçois* un conseil.
   Je *rends* service.   *Rends* service.
   Je *suis* laborieux.   *Sois* laborieux.
   J'*ai* pitié.   *Aie* pitié.
   Je *vais* à l'école.   *Va* à l'école.
   Je *sais* ma leçon.   *Sache* ta leçon.

2. — J'*aimai* le travail.   Que j'*aimasse* le travail.
   Je *finis* ma tâche.   Que je *finisse* ma tâche.
   Je *reçus* un prix.   Que je *reçusse* un prix.
   Je *rendis* service.   Que je *rendisse* service.
   Je *fus* laborieux.   Que je *fusse* laborieux.
   J'*eus* pitié.   Que j'*eusse* pitié.
   J'*allai* à l'école.   Que j'*allasse* à l'école.

3. — '*Aimer* sa patrie.   J'*aimerai* ma patrie.
   Finir son service.   Je *finirai* mon service.
   Rendre les armes.   Je *rendrai* les armes.
   Prendre garde à soi.   Je *prendrai* garde à moi.
   Partir bientôt.   Je *partirai* bientôt.
   Brosser son habit.   Je *brosserai* mon habit.
   Aimer Dieu.   J'*aimerai* Dieu.
   Servir son pays.   Je *servirai* mon pays.
   Moudre du blé.   Je *moudrai* du blé.
   Coudre une robe.   Je *coudrai* ma robe.

4. — LE M. *Aimant* sa mère. — L'É. J'*aimais* ma mère.
   Finissant sa tâche.   Je *finissais* ma tâche.
   Recevant un avis.   Je *recevais* un avis.
   Rendant la justice.   Je *rendais* la justice.
   Ayant tort.   J'*avais* tort.
   Sachant sa leçon.   Je *savais* ma leçon.
   Obéissant à son chef.   J'*obéissais* à mon chef.
   Secourant les pauvres.   Je *secourais* les pauvres.
   Ayant soin.   J'*avais* soin.
   Fesant du bien.   Je *fesais* du bien.
   Disant la vérité.   Je *disais* la vérité.
   Sachant par cœur.   Je *savais* par cœur.
   Lisant un livre.   Je *lisais* un livre.
   Ecrivant une lettre.   J'*écrivais* une lettre.
   Chérissant sa mère.   Je *chérissais* ma mère.

5.—Du même participe présent on forme le présent du subjonctif, en changeant *ant* en *e* muet : *aimant, que j'aime*; *finissant, que je finisse* ; *rendant, que je rende.*

Remarque. Il y a aussi beaucoup d'exceptions à cette règle.

6. — Du même participe on forme les trois personnes du pluriel du présent de l'indicatif, en changeant la terminaison. Exemples :

Aimant : *nous aimons, vous aimez, ils aiment*;

Finissant : *nous finissons, vous finissez, ils finissent* ;

Recevant : *nous recevons, vous recevez, ils reçoivent* ;

Rendant : *nous rendons, vous rendez, ils rendent.*

Excepté, pour la première personne : *étant, nous sommes ; ayant, nous avons ; sachant, nous savons;* pour la seconde personne : *fesant, vous faites; disant, vous dites.*

(Dictez le temps PRIMITIF : *l'élève écrira l'autre temps.)*

5. — LE M. *Evitant* un danger.   L'É *J'évite* un danger.
     Montrant du courage.   Je *montre* du courage.
     Remportant la victoire.   Je *remporte* la victoire.
     Marchant au combat.   Je *marche* au combat.
     Augmentant son savoir.   *J'augmente* mon savoir.
     Confiant un secret.   Je *confie* un secret.
     Lisant beaucoup.   Je *lise* beaucoup.
     Vivant honnêtement.   Je *vive* honnêtement.

Partant . . .	N. partons,	V. partez,	Ils partent.
Chantant . .	N. chantons,	V. chantez,	Ils chantent.
Travaillant.	N. travaillons,	V. travaillez,	Ils travaillent.
Ecrivant . .	N. écrivons,	V. écrivez,	Ils écrivent.
Regardant. .	N. regardons,	V. regardez,	Ils regardent.
Visant. . . .	N. visons,	V. visez,	Ils visent.
Marchant. .	N. marchons,	V. marchez,	Ils marchent.
Dormant. . .	N. dormons,	V. dormez,	Ils dorment.
Lisant. . . .	N. lisons,	V. lisez,	Ils lisent.
Secourant. .	N. secourons,	V. secourez,	Ils secourent.
Parlant. . .	N. parlons,	V. parlez,	Ils parlent.
Etant	N. sommes,	V. êtes,	Ils sont.
Ayant. . . .	N. avons,	V. avez,	Ils ont.
Sachant. . .	N. savons,	V. savez,	Ils savent.
Fesant . . .	N. fesons,	V. faites,	Ils font.
Disant. . . .	N. disons,	V. dites,	Ils disent.

TEMPS PRIMITIFS

DES VERBES IRRÉGULIERS (1).

Présent de l'infinitif.	Participe présent.	Participe passé.	Présent de l'indicatif.	Passé défini de l'indicatif.
PREMIÈRE CONJUGAISON.				
aller	allant	allé	je vais	j'allai
SECONDE CONJUGAISON.				
acquérir	acquérant	acquis	j'acquiers	j'acquis
courir	courant	couru	je cours	je courus
cueillir	cueillant	cueilli	je cueille	je cueillis
dormir	dormant	dormi	je dors	je dormis
fuir	fuyant	fui	je fuis	je fuis
haïr	haïssant	haï	je hais	je hais
mentir	mentant	menti	je mens	je mentis
mourir	mourant	mort	je meurs	je mourus
offrir	offrant	offert	j'offre	j'offris
ouvrir	ouvrant	ouvert	j'ouvre	j'ouvris
partir	partant	parti	je pars	je partis
sentir	sentant	senti	je sens	je sentis
servir	servant	servi	je sers	je servis
sortir	sortant	sorti	je sors	je sortis
souffrir	souffrant	souffert	je souffre	je souffris
tenir	tenant	tenu	je tiens	je tins
tressaillir	tressaillant	tressailli	je tressaille	je tressaillis
venir	venant	venu	je viens	je vins
TROISIÈME CONJUGAISON.				
s'asseoir	s'asseyant	assis	je m'assieds	je m'assis
devoir	devant	dû	je dois	je dus
échoir	échéant	échu	il échoit	il échut
mouvoir	mouvant	mu	je meus	je mus

(1) On appelle *irréguliers* les verbes qui ne suivent pas toujours la règle générale des conjugaisons.

Plusieurs de ces verbes ne sont pas usités à certains temps et à certaines personnes. Dans ce cas on les appelle *défectueux*.

Il est inutile de faire observer que les tableaux que nous présentons ici ne doivent point être appris par cœur. Le maître devra les faire lire attentivement aux élèves, et leur faire conjuguer les verbes les plus irréguliers.

VERBES IRRÉGULIERS.

Formes exceptionnelles.

(Faites conjuguer les verbes suivants aux TEMPS *indiqués.)*

PREMIÈRE CONJUGAISON.

PR. DE L'IND.—*Je vais, tu vas, il va,* n. allons, v. allez, *ils vont.*

PRÉS. DU SUBJ. — *Que j'aille, que tu ailles, qu'il aille,* que n. allions, que v. alliez, *qu'ils aillent.*

PRÉS. DE L'IMPER. — *Va.*

SECONDE CONJUGAISON.

Acquérir. PRÉS. DE L'IND. — *J'acquiers, tu acquiers, il acquiert,* n. acquérons, v. acquérez, *ils acquièrent.*

FUT. — *J'acquerrai, tu acquerras, il acquerra,* etc.

PRÉS. DU SUBJ. — *Que j'acquière, que tu acquières, qu'il acquière,* que n. acquérions, que v. acquériez, *qu'ils acquièrent.* (Conjuguez de même *conquérir* et *requérir.*)

Courir. FUT. — *Je courrai.* (De même *accourir,* etc.)

Cueillir. FUT. — *Je cueillerai.* De même *accueillir,* etc.)

Haïr. PRÉS. DE L'IND. — *Je hais, tu hais, il hait,* n. haïssons, v. haïssez, ils haïssent.

Mourir. FUT. — *Je mourrai.* — COND. — *Je mourrais.*

PRÉS. DU SUBJ. — *Que je meure, que tu meures, qu'il meure,* que n. mourions, que v. mouriez, *qu'ils meurent.*

Tenir. PRÉS. DE L'IND. — *Je tiens, tu tiens, il tient,* n. tenons, v. tenez, *ils tiennent.*

FUT. — *Je tiendrai.* — CONDIT. — *Je tiendrais.*

PRÉS. DU SUBJ.—*Que je tienne, que tu tiennes, qu'il tienne,* que n. tenions, que v. teniez, *qu'ils tiennent.* (De même *appartenir, retenir, soutenir, venir,* et ses composés, *devenir,* etc.)

Tressaillir. FUT. — *Je tressaillerai.*

TROISIÈME CONJUGAISON.

S'asseoir. FUT. —*Je m'assiérai.* — CONDIT. — *Je m'assierais.*
Ou : *Je m'asseyrai;*   — *Je m'asseyrais.*

Devoir. PRÉS. DE L'IND. — Je dois, tu dois, il doit, n. devons, v. devez, *ils doivent.*

PRÉS. DU SUBJ. — *Que je doive, que tu doives,* etc.

Echoir. PRÉS. DE L'IND. —*Il échoit* ou *il échet ; ils échoient* ou *ils échéent.*

Mouvoir. PRÉS. DE L'IND. — Nous mouvons... *ils meuvent.*

PRÉS. DU SUBJ. — *Que je meuve, que tu meuves, qu'il meuve,* que n. mouvions, que v. mouviez, *qu'ils meuvent.*

Présent de l'infinitif.	Participe présent.	Participe passé.	Présent de l'indicatif.	Passé défini de l'indicatif.
Suite de la troisième conjugaison.				
pleuvoir	pleuvant	plu	il pleut	il plut
pourvoir	pourvoyant	pourvu	je pourvois	je pourvus
pouvoir	pouvant	pu	je peux	je pus
prévaloir	prévalant	prévalu	je prévaux	je prévalus
savoir	sachant	su	je sais	je sus
surseoir	sursoyant	sursis	je surseois	je sursis
valoir	valant	valu	je vaux	je valus
voir	voyant	vu	je vois	je vis
vouloir	voulant	voulu	je veux	je voulus
QUATRIÈME CONJUGAISON.				
absoudre	absolvant	absous	j'absous	. . . .
battre	battant	battu	je bats	je battis
boire	buvant	bu	je bois	je bus
conclure	concluant	conclu	je conclus	je conclus
conduire	conduisant	conduit	je conduis	je conduisis
confire	confisant	confit	je confis	je confis
connaître	connaissant	connu	je connais	je connus
coudre	cousant	cousu	je couds	je cousis
craindre	craignant	craint	je crains	je craignis
croire	croyant	cru	je crois	je crus
croître	croissant	crû	je crois	je crûs
dire	disant	dit	je dis	je dis
dissoudre	dissolvant	dissous	je dissous	. . . .
écrire	écrivant	écrit	j'écris	j'écrivis
faire	fesant	fait	je fais	je fis
lire	lisant	lu	je lis	je lus
luire	luisant	lui	il luit	. . . .
maudire	maudissant	maudit	je maudis	je maudis
médire	médisant	médit	je médis	je médis
mettre	mettant	mis	je mets	je mis
moudre	moulant	moulu	je mouds	je moulus
naître	naissant	né	je nais	je naquis
nuire	nuisant	nui	je nuis	je nuisis
paître	paissant	pu	je pais	. . . .
paraître	paraissant	paru	je parais	je parus
plaire	plaisant	plu	je plais	je plus
prendre	prenant	pris	je prends	je pris
rire	riant	ri	je ris	je ris
suivre	suivant	suivi	je suis	je suivis.
taire	taisant	tu	je tais	je tus
traire	trayant	trait	je trais	. . . .
vaincre	vainquant	vaincu	je vaincs	je vainquis
vendre	vendant	vendu	je vends	je vendis
vivre	vivant	vécu	je vis	je vécus

(Faites conjuguer les verbes suivants aux TEMPS *indiqués.)*

Pouvoir. PRÉS. DE L'IND. — *Je puis* ou *je peux, tu peux, il peut, nous pouvons, vous pouvez, ils peuvent.*
PRÉS. DU SUBJ. — Que je puisse, etc.
Valoir. FUT. *Je vaudrai.* — CONDIT. — *Je vaudrais.*
PRÉS. DU SUBJ. — *Que je vaille, que tu vailles, qu'il vaille,* que nous valions, que vous valiez, *qu'ils vaillent.*
Voir. FUT. — *Je verrai.* — CONDIT. — *Je verrais.*
Vouloir. PRÉS. DE L'IND. — Je veux, tu veux, il veut, nous voulons, vous voulez, *ils veulent.*

QUATRIÈME CONJUGAISON.

Boire. PRÉS. DE L'IND. — Je bois, tu bois, il boit, nous buvons, vous buvez, *ils boivent.*
PRÉS. DU SUBJ. — Que je boive, que tu boives, qu'il boive, que nous buvions, que vous buviez, *qu'ils boivent.*
Croire. PRÉS. DE L'IND. — Nous croyons, vous croyez, ils croient.
PASSÉ IMPARF. — Nous *croyions,* vous *croyiez,* ils *croyaient.*
PRÉS. DU SUBJ. — Que nous *croyions,* que vous *croyiez,* qu'ils croient.
Dire. PRÉS. DE L'IND. — Nous disons, vous *dites,* ils disent.
PRÉS. DU SUBJ. — Que je *dise,* que tu *dises,* etc.
PASSÉ IMPARF. — Que je *disse,* que tu *disses,* qu'il *dît,* etc.
Dissoudre. Conjuguez de même *absoudre* et *resoudre.* Celui-ci fait cependant au passé défini de l'indicatif *je résolus,* et, au participe passé, *résolu* et *résous. Resous* signifie *changé en : résous en pluie.* (Ce dernier participe n'a point de féminin.)
Faire. PRÉS. DE L'IND. — Je fais, tu fais, il fait, nous fesons, vous *faites,* ils *font.*
FUT. — *Je ferai.* — CONDIT. — *Je ferais.*
Médire. PRÉS. DE L'IND. — Nous médisons, vous médisez, ils médisent.
(Conjuguez de même *contredire, dédire, interdire* et *prédire.*)
Prendre. PRÉS. DE L'IND. — Je prends, tu prends, il prend, nous prenons, vous prenez, ils *prennent.*
PRÉS. DU SUBJ. — Que je *prenne,* que tu *prennes,* qu'il *prenne,* que nous prenions, que vous preniez, qu'ils prennent.
Vaincre. PRÉS. DE L'IND. — Je vaincs, tu vaincs, *il vainc,* nous vainquons, vous vainquez, ils vainquent.

ACCORD DES VERBES AVEC LEUR SUJET.

1. — On appelle *sujet* d'un verbe ce qui est ou ce qui fait la chose qu'exprime le verbe. On trouve le sujet en mettant *qui est-ce qui?* devant le verbe. La réponse à cette question indique le sujet. Quand je dis : *L'enfant est sage;* QUI EST-CE QUI *est sage?* Réponse : *l'*ENFANT : voilà le sujet du verbe *est.* — *Le lièvre court;* QUI EST-CE QUI *court?* Réponse : *le* LIÈVRE : voilà le sujet du verbe *court.*

2. — RÈGLE. Tout verbe doit être au même nombre et à la même personne que son sujet.

EXEMPLE. *Je parle :* PARLE est au nombre singulier et à la première personne, parceque *je,* son sujet, est au singulier et de la première personne. *Vous parlez tous deux :* PARLEZ est au nombre pluriel et à la seconde personne, parceque *vous* est au nombre pluriel et de la seconde personne (1).

3. — 1re REMARQUE. Quand un verbe a deux sujets singuliers, on met ce verbe au pluriel.

EXEMPLE. *Mon frère et ma sœur* lisent (2).

4. — 2e REMARQUE. Quand les deux sujets sont de différentes personnes, on met le verbe à la plus noble personne : la première est plus noble que la seconde, la seconde est plus noble que la troisième (3).

Vous et moi NOUS lisons.

Vous et votre frère VOUS lisez.

La politesse française veut qu'on nomme d'abord la personne à qui l'on parle, et qu'on se nomme le dernier. C'est pour cela que dans le premier des exemples ci-dessus on n'a pas dit : MOI *et* VOUS *nous* lisons, mais VOUS *et* MOI, etc.

---

(1) J'avoue que je ne comprends pas cette définition. Selon moi, les deux mots *je parle* sont inséparables : tous les deux ils servent à former la première personne du singulier. Il en est de même de *vous parlez, ils parlent.*

(Faites souligner les SUJETS, *et demandez à quel signe on peut les reconnaître.)*

1. — Le *vent* du nord est froid et sec.

La *neige* préserve la terre des rigueurs de l'hiver.

Les *tonneliers* font les cerceaux avec le bois du châtaignier.

La *Seine* passe à Paris et à Rouen.

Les plus grosses *baleines* sont celles du Groenland.

La *girafe* est le plus grand de tous les quadrupèdes. Cet *animal* est fort doux.

Le *Mont-Blanc* est la plus haute montagne des Alpes.

La *farine* de maïs est jaune.

(Faites souligner et analyser les VERBES.)*

2. — La vipère *est* un animal venimeux. (*sing.* 3ᵉ p.)

Le son *parcourt* 360 mètres par seconde. (*sing.* 3ᵉ p.)

Nous ne *pouvons* pas aimer ceux que nous *craignons.* (*plur.* 1ʳᵉ p.)

Vous *ignorez* sans doute le nombre des jours de l'année. (*plur.* 2ᵉ p.)

L'année *a* 365 jours. (*sing.* 3ᵉ p.)

Tous les corps se *resserrent* au froid ; ils se *dilatent* à la chaleur. (*plur.* 3ᵉ p.)

Nos antipodes *habitent* le point de la terre opposé au nôtre.

3. — La peine et le plaisir *passent* comme une ombre.

La paresse et l'oisiveté *sont* les avant-coureurs de la misère.

Le scorpion et la vipère *sont* des animaux venimeux.

(Dictez les FAUTES : *l'élève corrigera.)*

4. — Ni *moi* ni *vous* n'ont passé par les grandes épreuves de l'envie et de l'ambition. (Ni *vous* ni *moi* n'avons...)

Votre frère et *vous,* vous devez vous aimer. (*Vous* et *votre* frère...)

Soyons, *moi* et *vous,* complaisants l'un envers l'autre. (*Vous* et *moi...*)

Nous voudrions bien, *moi* et *votre mère,* vous voir dociles et laborieux. (*Votre* mère et *moi...*)

Adèle et *toi,* vous ne me donnez guère de satisfaction.

---

(2) Quelques grammairiens expliquent ainsi l'emploi du pluriel : *mon frère* LIT et *ma sœur* LIT : *ces deux personnes* LISENT. Cette manière d'analyser est très propre à faciliter l'intelligence de la règle.

(3) Cette raison de *noblesse* est ridicule. Il fallait dire : on met le verbe à la personne la *première en rang.*

RÉGIME DES VERBES ACTIFS.

5. — On appelle verbe *actif* celui après lequel on peut mettre *quelqu'un, quelque chose*. *Aimer* est un verbe *actif*, parcequ'on peut dire *aimer* QUELQU'UN. Par exemple : *J'aime* DIEU. Ce mot, qui suit le verbe actif, s'appelle le *régime* de ce verbe. On connaît le *régime* en fesant la question *qu'est-ce que?*—QU'EST-CE QUE *j'aime?* Réponse, *Dieu.* DIEU est le *régime* du verbe *j'aime.*

6. — RÈGLE. Le régime d'un verbe actif se place ordinairement après le verbe (quand ce régime n'est pas un pronom).

J'aime DIEU.—*Le chat mange la* SOURIS.

Mais quand le régime est un pronom, il se met devant le verbe.

Je vous *aime,* pour *j'aime* vous. *Il* M'*aime,* pour *il aime* moi.

Le pronom se met naturellement après le verbe, quand ce verbe est au mode impératif. [Exemple : *L'histoire est utile :* étudie-LA.

VERBES NEUTRES.

1.—On appelle *neutres* les verbes après lesquels on ne peut pas mettre *quelqu'un* ni *quelque chose :* ainsi *languir, dormir* sont des verbes neutres, parcequ'on ne peut pas dire *languir quelqu'un, dormir quelque chose.*

La plupart des verbes neutres se conjuguent, comme les verbes actifs, avec l'auxiliaire AVOIR : *je dors,* j'AI *dormi,* j'AVAIS *dormi,* j'AURAIS *dormi,* etc.

Mais il y a des verbes neutres qui se conjuguent dans leurs temps composés avec l'auxiliaire *être,* comme *venir, arriver, tomber,* etc.

*(Faites souligner et analyser les verbes **ACTIFS**.)*

5. — Je *traversais* le désert : accablé par une chaleur dévorante, j'allais succomber à la soif qui me *tuait*, lorsqu'un pauvre Arabe m'*offrit* une cruche d'eau qu'*il avait réservée* pour lui.

Je *voulus* lui *donner* un anneau précieux que *je portais* au doigt.

L'*Arabe* le *refusa.* Il ne *comprenait* pas quel prix j'*attachais* à l'offre généreuse qu'*il* venait de me *faire*, tant elle lui semblait naturelle.

*(Faites souligner les **RÉGIMES**.)*

6. — C'est le travail qui fait connaître la véritable *valeur* de l'homme, de même que le feu développe les *parfums* de l'encens.

Il y a encore des hommes assez dénaturés pour acheter et pour vendre d'autres *hommes*. On ne saurait trop flétrir un *trafic* aussi odieux.

Ta mère t'a prodigué les soins les plus tendres : aime-LA de tout ton cœur.

Les marchands d'hommes vont *les* chercher sur les côtes d'Afrique.

On *les* entasse au fond d'un navire ; quelquefois on *les* met dans des tonneaux ; et si le vaisseau est visité en route, on *les* jète à la mer comme on y jeterait *des marchandises* prohibées.

*(Faites souligner les verbes **NEUTRES**.)*

1. — Rien ne *plaît* de la part de quelqu'un que l'on n'aime pas.

Les arts *florissaient* à Athènes, sous Périclès, et à Rome, sous l'empereur Auguste.

Le bon emploi du temps est une des choses qui *contribuent* le plus à notre bonheur.

Tout genre d'excès *nuit* à la santé.

Il y a des montagnes où la glace ne *fond* jamais.

Le bonheur du sage *consiste* à aimer pardessus tout la vérité et la vertu.

Partout la civilisation a *marché* sur les pas de l'Évangile.

On peut *aller* en Amerique en 25 jours.

Louis XIII a *succédé* à Henri IV. Louis XIV a *régné* 72 ans. Napoléon *monta* sur le trône en 1804.

Il *succomba* en 1815 sous les efforts des nations coalisées.

Il *mourut*, sur le rocher de Sainte-Hélène, le 5 mai 1821.

CONJUGAISON DES VERBES NEUTRES.

INFINITIF (1).

Temps simples.	*Temps composés.*
PRÉSENT.	**PASSÉ.**
Tomb *er*	Êt *re* tombé

PARTICIPES

PRÉSENT.	**PASSÉ.**
Tomb *ant*	Ét *ant* tombé

INDICATIF.

PRÉSENT.	**PASSÉ INDÉFINI.**
Aujourd'hui,	*Hier,*
Je tomb *e*	Je sui *s* tombé
Tu tomb *es*	Tu e *s* tombé
Il tomb *e*	Il es *t* tombé
N. tomb *ons*	N. som *mes* tombés
V. tomb *ez*	V. êt *es* tombés
Ils tomb *ent*	Ils so *nt* tombés

PASSÉ IMPARFAIT.	**PASSÉ PLUSQUEPARFAIT.**
Hier,	*Hier,*
Je tomb *ais*	J' ét *ais* tombé
Tu tomb *ais*	Tu ét *ais* tombé
Il tomb *ait*	Il ét *ait* tombé
N. tomb *ions*	N. ét *ions* tombés
V. tomb *iez*	V. ét *iez* tombés
Ils tomb *aient*	Ils ét *aient* tombés

PASSÉ DÉFINI.	**PASSÉ ANTÉRIEUR.**
Hier,	*Hier, dèsque*
Je tomb *ai*	Je fu *s* tombé
Tu tomb *as*	Tu fu *s* tombé
Il tomb *a*	Il fu *t* tombé
N. tomb *âmes*	N. fû *mes* tombés
V. tomb *âtes*	V. fû *tes* tombés
Ils tomb *èrent*	Ils fu *rent* tombés

FUTUR.	**FUTUR ANTÉRIEUR.**
Demain,	*Demain à midi,*
Je tombe *rai*	Je se *rai* tombé
Tu tombe *ras*	Tu se *ras* tombé
Il tombe *ra*	Il se *ra* tombé
N. tombe *rons*	N. se *rons* tombés
V. tombe *rez*	V. se *rez* tombés
Ils tombe *ront*	Ils se *ront* tombés

---

(1) A cet égard, il y a lieu de faire remarquer que les verbes neutres, lorsqu'ils expriment une *action*, se conjuguent presque tous avec le verbe *avoir*. Ainsi on dit : J'AI *passé* par Lyon ; J'AI

CONDITIONNEL.

Temps simples.	*Temps composés.*

PRÉSENT. PASSÉ.

Aujourd'hui, si on le voulait,	*Hier, si on l'avait voulu,*	
Je tombe*rais*	Je se*rais*	tombé
Tu tombe*rais*	Tu se*rais*	tombé
Il tombe*rait*	Il se*rait*	tombé
N. tombe*rions*	N. se*rions*	tombés
V. tombe*riez*	V. se*riez*	tombés
Ils tombe*raient*	Ils se*raient*	tombés

AUTRE PASSÉ. Je fu*sse* tombé, tu fu*sses* tombé, il fû*t* tombé, n. fu*ssions*, v. fu*ssiez*, ils fu*ssent* tombés.

IMPÉRATIF.

PRÉSENT. FUTUR ANTÉRIEUR.

Aujourd'hui,	*Demain à midi,*	
Tomb*e*	Soi*s*	tombé
Tomb*ons*	Soy*ons*	tombés
Tomb*ez*	Soy*ez*	tombés

SUBJONCTIF.

PRÉSENT *ou* FUTUR. PASSÉ INDÉFINI.

Il faut	*Il est possible*	
Que je tomb*e*	Que je soi*s*	tombé
Que tu tomb*es*	Que tu soi*s*	tombé
Qu' il tomb*e*	Qu' il soi*t*	tombé
Que n. tomb*ions*	Que n. soy*ons*	tombés
Que v. tomb*iez*	Que v. soy*ez*	tombés
Qu' ils tomb*ent*	Qu' ils soi*ent*	tombés

PASSÉ IMPARFAIT. PASSÉ PLUSQUEPARFAIT.

Hier, il fallait	*Hier, on voulait*	
Que je tomb*asse*	Que je fu*sse*	tombé
Que tu tomb*asses*	Que tu fu*sses*	tombé
Qu' il tomb*ât*	Qu' il fû*t*	tombé
Que n. tomb*assions*	Que n. fu*ssions*	tombés
Que v. tomb*assiez*	Que v. fu*ssiez*	tombés
Qu' ils tomb*assent,*	Qu' ils fu*ssent*	tombés

Conjuguez de même les verbes *aller, arriver, décéder, entrer, sortir, mourir, partir, venir,* et ses composés *devenir, survenir, revenir, parvenir.*

---

descendu à la cave; J'AI *tombé* du haut de ce balcon, etc. Ces mêmes verbes se conjuguent avec *être* quand ils expriment un état. Ainsi on dira : Madame, relevez donc votre enfant; vous voyez bien qu'il EST *tombé.*

VERBES RÉFLÉCHIS.

On appelle verbes *réfléchis* ceux dont le sujet et le régime sont la même personne, comme JE ME *flatte*, TU TE *loues*, IL SE *blesse* (1), etc.

INFINITIF.

PRÉSENT.	PASSÉ.
Se repent *ir*	S'êt *re* repenti

PARTICIPES

PRÉSENT.	PASSÉ INDÉFINI.
Se repent *ant*	S'êt *ant* repenti

INDICATIF.

PRÉSENT.	PASSÉ INDÉFINI.
Je me repen *s*, etc.	Je me sui *s* repenti
PASSÉ IMPARFAIT.	**PASSÉ PLUSQUEPARFAIT.**
Je me repent *ais*	Je m'ét *ais* repenti
PASSÉ DÉFINI.	**PASSÉ ANTÉRIEUR.**
Je me repenti *s*	Je me fu *s* repenti
FUTUR.	**FUTUR ANTÉRIEUR.**
Je me repenti *rai*	Je me se *rai* repenti

CONDITIONNEL.

PRÉSENT.	PASSÉ.
Je me repenti *rais*	Je me se *rais* repenti

IMPÉRATIF.

Repen *s*-toi

SUBJONCTIF.

PRÉSENT *ou* FUTUR.	PASSÉ INDÉFINI.
Que je me repent *e*	Que je me soi *s* repenti
PASSÉ IMPARFAIT.	**PASSÉ PLUSQUEPARFAIT.**
Que je me repent *isse*	Que je me fu *sse* repenti

---

(1) On dit que les verbes se *souvenir*, se *repentir*, sont ES-SENTIELLEMENT *réfléchis*, parcequ'ils ne peuvent jamais se conjuguer sans deux pronoms de la même personne : JE ME *repens*. D'autres verbes ne sont *réfléchis* qu'*accidentellement*, comme *je me flatte*; car on dit bien *flatter quelqu'un*. A la rigueur, *je me flatte, je me loue*, sont simplement des verbes *actifs*.

VERBES IMPERSONNELS (1).

On appelle verbe *impersonnel* celui qui ne s'emploie dans tous ses temps qu'à la troisième personne du singulier, comme *il faut, il importe, il pleut,* etc. Il se conjugue à cette troisième personne comme les autres verbes.

INFINITIF.

PRÉSENT *ou* FUTUR.	PARTICIPE PASSÉ.
Falloir	Ayant fallu

INDICATIF.

PRÉSENT.	PASSÉ INDÉFINI.
Il faut	Il a fallu
PASSÉ IMPARFAIT.	PASSÉ PLUSQUEPARFAIT.
Il fallait	Il avait fallu
PASSÉ DÉFINI.	PASSÉ ANTÉRIEUR.
Il fallut	Il eût fallu
FUTUR.	FUTUR ANTÉRIEUR.
Il faudra	Il aura fallu

CONDITIONNEL.

PRÉSENT.	PASSÉ.
Il faudrait	Il aurait fallu

SUBJONCTIF.

PRÉSENT *ou* FUTUR.	PASSÉ INDÉFINI.
Qu'il faille	Qu'il ait fallu
PASSÉ IMPARFAIT.	PASSÉ PLUSQUEPARFAIT.
Qu'il fallût	Qu'il eût fallu

Remarque. Le mot *il* ne marque un verbe *impersonnel* que lorsqu'on ne peut pas mettre un nom à sa place ; car, lorsque en parlant d'un enfant, on dit *il joue,* ce n'est pas un impersonnel, parcequ'à la place du mot *il* on peut mettre *l'enfant,* et dire *l'enfant joue.*

---

(1) *Impersonnel* signifie qui n'a *aucune personne.* Les verbes qui, dans chaque temps, ne sont usités qu'à une seule personne, sont des verbes UNIPERSONNELS.

CHAPITRE VI.

—

SIXIÈME ESPÈCE DE MOTS.

LE PARTICIPE.

1. — Le PARTICIPE est un mot qui tient du verbe et de l'adjectif, comme *aimant, aimé*. Il tient du verbe en ce qu'il en a la signification et le régime : *aimant Dieu, aimé de Dieu* ; il tient aussi de l'adjectif en ce qu'il qualifie une personne ou une chose, comme *vieillard* HONORÉ, *vertu* ÉPROUVÉE.

ACCORD DES PARTICIPES.

Participe PRÉSENT.

2. — *Règle*. Le participe *présent* ne varie jamais, c'est-à-dire qu'il ne prend ni genre ni nombre.

Un homme lisant.	*Une femme* lisant.
Des hommes lisant.	*Des femmes* lisant.

3. — Il ne faut pas confondre avec le participe présent certains *adjectifs* VERBAUX (c'est-à-dire qui viennent des verbes). On dit *un homme* obligeant, *une femme* obligeante : ce ne sont pas des participes, parcequ'ils expriment une *qualité*. Mais quand je dis : *Cette femme est d'un bon caractère,* obligeant *tout le monde quand elle peut,* OBLIGEANT est ici *participe*, puisqu'il exprime une *action* et qu'il a un régime.

Participe PASSÉ.

4. — Le participe *passé* s'accorde ou avec son sujet ou avec son régime.

CHAPITRE VI.

—

SIXIÈME ESPÈCE DE MOTS.

(Faites souligner les **PARTICIPES**.)

1. — Voyez ces contrées *couvertes* de bois épais ; voyez ces arbres *courbés, rompus, tombant* de vétusté.

Je les vois toujours ces scènes d'horreur et d'attendrissement qui s'offraient à mes regards : une nation entière *chassée* de ses foyers, *errant* au hasard chez des peuples *épouvantés* de ses malheurs ; des guerriers *couverts* de blessures, portant sur leurs épaules les auteurs de leurs jours ; des femmes *assises* par terre, *expirant* de faiblesse. Ici, des larmes, des gémissemens ; là, une douleur muette, un silence effrayant.

(L'élève finira la phrase au **FÉMININ** *ou au* **PLURIEL**.)

2. — L'homme *pratiquant* la vertu. . . La femme... —
Le vent *soufflant* avec force. . . . La bise... —
Un enfant *jouant* sans cesse . . . Des enfants... —

(Faites distinguer les adjectifs **VERBAUX** *des participes* **PRÉS**.)

3. — Une mère *aimante.* Une mère *aimant* ses enfants.
Des bruits *alarmants.* Des bruits *alarmant* les esprits.
Des enfants *caressants.* Des enfants *caressant* leur mère.
Des paroles *offensantes.* Des paroles *offensant* la pudeur.
Une porte *battante.* Une porte *battant* contre le mur.
Une posture *suppliante.* Des esclaves *suppliant* un maître.
Une plainte *touchante.* Des plaintes *touchant* le cœur.
Une pluie *fécondante.* Une pluie *fécondant* la terre.
Une position *brillante.* Une fleur *brillant* d'un vif éclat.
Une journée *intéressante.* Une nouvelle *intéressant* le peuple.
Une plaie *saignante.* Une femme *saignant* au nez.

(Faites souligner et analyser les participes **PASSÉS**.)

4. — L'Amérique fut *découverte* en 1491.

L'Espagne est presque toujours *déchirée* par des guerres intestines.

Accord du Participe passé avec le Sujet.

Première règle. Le participe passé, quand il est accompagné du verbe auxiliaire *être*, s'accorde en genre et en nombre avec son sujet, c'est-à-dire que l'on ajoute *e* si le sujet est du féminin, et *s* si le sujet est au pluriel (1).

Mon frère a été *puni*.	Ma sœur a été *punie* (2).
Mes frères ont été *puni*s.	Mes sœurs ont été *puni*es.
Mon frère est *tombé*.	Ma sœur est *tombé*e.
Mes frères sont tombé*s*.	Mes sœurs sont *tombé*es.

5. — *Exception.* Dans les temps composés des verbes *réfléchis*, le participe ne s'accorde pas avec son sujet. On dit d'une femme : *Elle s'est* mis *cela dans la tête* (et non pas *mise*); *quelques païens se sont* donné *la mort*, et non pas se sont *donnés* (3).

6. — *Deuxième règle.* Mais quand le participe passé est accompagné du verbe auxiliaire *avoir*, il ne s'accorde jamais avec son sujet.

Mon père *a écrit*.	Ma mère *a écrit*.
Mes frères *ont écrit*.	Mes sœurs *ont écrit*.

On voit que le participe *écrit* ne change point, quoique le sujet soit du masculin ou du féminin, au singulier ou au pluriel.

---

(1) En d'autres termes : Le participe passé, seul ou joint au verbe *être*, est un véritable *adjectif*. Exemple : une chose *promis*e est *du*e.

(2) Le participe *été* n'a ni féminin ni pluriel; on dit : *elle a été*, *ils ont* été.

(3) Quand on dit *elle s'est* mis *cela dans la tête*, il est évident qu'elle n'a pas mis *elle-même*, mais *cela* dans sa tête. On dira bien : *Elle s'est mise* au lit avec la fièvre; car elle a réellement mis *elle-même* dans le lit.

La France est *unie* à l'Espagne par les Pyrénées.

La politesse a toujours été *regardée* comme le charme de la société.

Il est rare que la curiosité ne soit pas *accompagnée* de l'indiscrétion.

Rome, ayant été *prise* par les Gaulois, fut *saccagée* et *réduite* en cendres.

Les lois sont *faites* pour tout le monde.

Mes amis, soyez *persuadés* qu'il n'y a pas d'offense si grande qui ne mérite d'être *pardonnée*.

Les terres sont *ensemencées* avant l'hiver.

Nos campagnes ont été *ravagées*, en 1814, par les troupes ennemies.

Les découvertes les plus précieuses sont *dues* presque toutes au hasard.

5. — Les hommes se sont *fait* des signes pour représenter leurs pensées (*ont fait* **A LUX**).

Soixante-onze rois se sont *succédé* sur le trône de France (*ont succédé* **LES UNS AUX AUTRES**).

Les Anglais se sont presque toujours *attiré* la haine des Français (*ont attiré* **A EUX**).

6. — Dans tous les temps les hommes ont *méprisé* le vice et *admiré* la vertu.

Les Français ont *élevé* un monument aux citoyens qui ont *péri* pour la liberté.

La boussole *a fourni* aux marins les moyens de diriger la marche des navires au milieu de l'Océan.

Le règne de Charlemagne *a commencé* en 768.

Henri IV *avait confié* a Sully l'administration des finances de son royaume.

Les Français *ont remporté* bien des victoires sous le commandement de Napoléon.

Les Portugais *ont devancé* les autres peuples dans la découverte des terres inconnues.

Les Arabes *ont possédé* l'Espagne pendant plus de sept cents ans, malgré les efforts des rois chrétiens ligués contre eux pour les chasser.

Christophe-Colomb et ses compagnons *ont abordé* les premiers à Saint-Domingue.

Sous le commandement de Nelson, les Anglais *ont gagné* la bataille navale d'Aboukir.

Le 7 septembre 1831, les Russes *ont pris* d'assaut la ville de Varsovie.

Accord du Participe passé avec le Régime.

7. — *Première règle.* Le participe passé s'accorde toujours avec son régime, quand ce régime est avant le participe.

> La lettre que vous avez *écrite*, je *l'ai lue.*
> Les livres que j'avais *prêtés*, on *les a rendus.*
> Quelle *affaire* avez-vous *entreprise ?*
> Combien d'*ennemis* n'a-t-il pas *vaincus* (1) !

On voit que le régime mis devant le participe est ordinairement un des pronoms : *que, me, te, se, le, la, les, nous, vous, quels.*

8. — *Deuxième règle.* Mais quand le régime n'est placé qu'après le participe, ce participe ne s'accorde pas avec son régime.

> J'ai *écrit* une lettre.   J'ai *écrit* des lettres.
> Vous avez *acheté* un livre.   Vous avez *acheté* des livres.

On voit que les participes *écrit, acheté,* ne changent pas, quoique le régime soit au singulier ou au pluriel, masculin ou féminin, parceque ce régime est après le participe.

9. — *Remarque.* On dit sans faire accorder : *Les vertus que j'ai* entendu *louer, les vices que j'ai* résolu *d'éviter.* En effet, le pronom *que* n'est pas ici le régime des participes *entendu, résolu,* mais des infinitifs *louer, éviter.* Pour connaître si le régime dépend du participe, il faut voir si l'on peut mettre ce régime immédiatement après le participe. On ne peut pas dire ici : *J'ai entendu les vertus, j'ai résolu les vices.*

---

(1) Lorsque le participe *passé* est joint au verbe *avoir,* il est tantôt *adjectif* et tantôt verbe.

Adjectif, il varie ; *verbe,* il est invariable.

Pour savoir si le participe passé est *adjectif,* joignez-le au

(Faites souligner et analyser les RÉGIMES *et les* PARTICIPES.)

7.—Chérissez vos parents qui *vous* ont *comblés* de bienfaits.

Aimez la patrie *que* les hommes de bien ont toujours *mise* au premier rang de leurs affections.

Turenne est l'un des plus grands capitaines et l'un des hommes les plus vertueux *que* la France *ait produits.*

Il ne voulait d'autre récompense des services *qu'*il avait *rendus* à la patrie que l'honneur de *l'avoir servie.*

Qu'elle est belle la morale *que* le Christ a *préchée !*

Les télégraphes *que* Chappe a *inventés* ont rendu les communications aussi promptes que faciles.

Les découvertes *que* les Anglais ont faites, les Français *les* ont *perfectionnées.*

8. — C'est Guttemberg qui a *inventé* l'imprimerie.

On a *trouvé* des dents d'éléphant dans les carrières de Montmartre près de Paris.

Les bons écrivains ont *fixé* les règles du langage.

Les Anglais ont *découvert* la plus grande partie des îles de l'Océan.

Nous avons *compté* 103 lieues de Strasbourg à Paris.

Les Anglais ont *fait* usage des canons pour la première fois à la bataille de Crécy, en 1346.

Ma mère a *parcouru* la France du nord au sud, depuis Dunkerque jusqu'à Perpignan.

Les historiens ont *varié* sur la mort de Romulus.

9.—La guerre ne se fait plus comme on l'a *vu* faire du temps de Louis XIV.

Les problèmes que le célèbre Pascal avait *donné* à résoudre aux savants de l'Europe, l'ont placé au premier rang des géomètres.

Les difficultés qu'on a *cherché* à vaincre deviennent plus faciles à surmonter.

J'ai été visiter les fortifications de Lille que j'avais *entendu* vanter.

---

substantif et au pronom qui précède, en SUPPRIMANT TOUS LES MOTS QUI LES SÉPARENT. Si cette réunion *ne change pas le sens de la phrase*, le participe est *adjectif :* conséquemment il s'accorde. Ex. *Étudiez la leçon* (que je vous ai) *donnée.* Si nous supprimons les mots intermédiaires, il restera : *étudiez la leçon donnée.* (Voir mes *Nouveaux Élémens de Grammaire française*, chez Levrault, rue de La Harpe, 81.)

CHAPITRE VII.

SEPTIÈME ESPÈCE DE MOTS.

LA PRÉPOSITION.

1.—La PRÉPOSITION est un mot qui sert à joindre le nom ou pronom suivant au mot qui la précède : par exemple, quand je dis : *Le fruit* de *l'arbre*, DE marque le rapport qu'il y a entre *fruit* et *arbre ;* quand je dis : *Utile* à *l'homme*, A fait rapporter le nom *homme* à l'adjectif *utile ;* quand je dis : *J'ai reçu* de *mon père*, DE sert à joindre le nom *père* au verbe *reçu*, etc. DE et A sont des prépositions : le mot qui suit s'appelle le *régime* de la *préposition*.

Cette espèce de mots s'appelle *préposition*, parce-qu'elle se met devant le mot qu'elle régit.

PRINCIPALES PRÉPOSITIONS.

Pour marquer la PLACE, OU LE LIEU.

2. — *A.* Attacher *à* la muraille.
Dans. Être *dans* la maison.
En. Voyager *en* Allemagne.
De. Sortir *de* la ville.
Chez. Être *chez* un ami.
Devant. Le berger marche *devant* le troupeau.
Après. Courir *après* quelqu'un.
Derrière. Se cacher *derrière* un mur.
Parmi. Cet officier fut trouvé *parmi* les morts.
Sur. Avoir son chapeau *sur* la tête.

CHAPITRE VII.

—

SEPTIÈME ESPÈCE DE MOTS.

(Faites souligner la PRÉPOSITION.*)*

1. — L'aiguille *de* la boussole est toujours tournée *vers* le nord.

Quand vous avez les yeux fixés *sur* une carte *de* géographie, le nord est *en* haut, le midi *en* bas ; l'est est *à* votre gauche et l'ouest *à* votre droite.

La forme *de* la terre est ronde ; mais cette espèce *de* boule est un peu aplatie *à* chacune *de* ses extrémités.

Cette forme et cet applatissement ont été reconnus *par* des savants, qui ont été soit *à* un pôle, soit *à* l'autre, jusque *sur* les mers *de* glace, ou bien *sous* la ligne, *dans* l'endroit où la terre reçoit les rayons les plus chauds *du* soleil. Ils se sont ainsi exposés *à* être gelés ou rôtis, *à* mourir *de* faim ou *de* soif.

(Faites souligner le RÉGIME *de la* PRÉPOSITION)*

Le Volga, qui coule en *Russie*, est le plus grand fleuve de l'Europe.

L'éléphant est le plus intelligent de tous les *animaux*. Ne vous moquez pas de *lui* en sa *présence*, car il vous maltraiterait.

(Faites souligner et analyser les PRÉPOSITIONS.*)*

2. — Si je vais *à* Rome, j'irai voir le Capitole.

Le maréchal Lannes naquit à Lectoure, *dans* le département du Gers.

L'ennui est entré *dans* le monde par la paresse.

La modération trouve toujours à glaner *dans* le champ du bonheur.

En Espagne, on voit la misère rebutante *chez* les uns, la richesse orgueilleuse *chez* les autres.

Quand vous marchez, regardez toujours *devant* vous.

Les richesses ne sont désirables qu'*après* l'honneur et la santé.

Il y a plus de blessés *parmi* les fuyards que *parmi* les braves qui font face à l'ennemi.

Sous. Tout ce qui est *sous* le ciel.
Vers. L'aimant se tourne *vers* le nord.

Pour marquer l'ordre.

3. — *Avant.* La nouvelle est arrivée *avant* le courrier.
Entre. L'été se trouve *entre* le printemps et l'automne.
Dès. Le Loiret est navigable *dès* sa source.
Depuis. Il y a 1656 ans *depuis* la création jusqu'au déluge.

Pour marquer l'union.

4. — *Avec.* Manger *avec* ses amis.
Pendant. Pendant la guerre.
Durant. Durant la guerre.
Outre. Compagnie de cent hommes, *outre* les officiers.
Selon. Il faut se conduire *selon* la raison.
Suivant. On juge *suivant* la loi.

Pour marquer séparation.

5. — *Sans.* Les soldats *sans* leurs officiers.
Hors. Tout est perdu, *hors* l'honneur.
Excepté. Tout est perdu, *excepté* l'honneur.

Pour marquer opposition.

6. — *Contre.* Plaider *contre* quelqu'un.
Malgré. Il est parti *malgré* moi.
Nonobstant. Il a fait cela *nonobstant* mes représentations.

Pour marquer le but.

7. — *Envers.* Soyez charitables *envers* les pauvres.

On élève *sur* la place de la Bastille un monument à la mémoire des victimes de juillet.

La Seine passe maintenant *sous* plus de 20 ponts à Paris.

La monarchie française fut fondée *vers* l'an 420.

Le prêtre, à l'autel, est tourné *vers* l'orient.

3. — Charlemagne a régné plus de mille ans *avant* Napoléon.

On a chargé l'ennemi *avant* l'ordre du général.

Le gris est *entre* le blanc et le noir.

La ville de Beauvais est *entre* Paris et Amiens.

Dès la plus tendre enfance, on doit s'attacher à ses devoirs.

L'homme dépend des autres *dès* sa naissance.

On fait usage de l'artillerie *depuis* 400 ans.

On compte 33 lieues *depuis* Paris jusqu'à Laon; on en compte 220 *depuis* Paris jusqu'à Toulon.

4. — Pythagore disait : « Quand je suis *avec* mon ami, je ne suis pas seul et nous ne sommes pas deux. »

L'oisiveté entraîne *avec* elle tous les vices.

Pour avoir le véritable repos, il faut être en paix *avec* Dieu, *avec* les autres et *avec* soi-même.

La nature est comme en deuil *pendant* l'hiver.

Durant la guerre, les arts, l'industrie et le commerce souffrent également.

Selon moi, il n'y a pas de verbes passifs en français.

Le sage se conduit *selon* les maximes de la raison.

Les talents produisent *suivant* la culture.

5. — L'esprit *sans* jugement est dangereux.

Sans expérience et *sans* réflexion, on reste dans une enfance perpétuelle.

Il faut être toujours prêt à servir ses amis, *excepté* contre sa conscience.

L'homme possède tout, *excepté* le bonheur.

6. — Un soldat ne doit jamais se battre que *contre* les ennemis de son pays.

Un travail assidu est un remède bien sûr *contre* l'indigence.

Il y a bien des gens dont il faut faire le bonheur *malgré* eux.

Il faut étudier avec persévérance, *malgré* les difficultés qu'on éprouve.

La vérité se fait jour *nonobstant* l'erreur et le mensonge.

7. — Soyons indulgents *envers* l'enfance.

Touchant. Il m'a écrit *touchant* cette affaire.
Pour. Étudiez *pour* votre instruction.

Pour marquer la cause, le moyen.

8. — *Par.* Tout a été créé *par* la parole de Dieu.
Moyennant. J'espère *moyennant* la grâce de Dieu.
Attendu. Le courrier n'a pu partir, *attendu* le mauvais temps.

CHAPITRE VIII.
—
HUITIÈME ESPÈCE DE MOTS.
L'ADVERBE.

1. — L'ADVERBE est un mot qui se joint ordinairement au verbe, à l'adjectif et même à un autre adverbe pour en déterminer la signification. Quand on dit : *Cet enfant parle distinctement*, par ce mot *distinctement* l'on fait entendre qu'il parle d'une manière claire.

2. — Il y a des adverbes qui marquent la *manière* : ils sont presque tous terminés en *ment*, et se forment des adjectifs, comme *sagement* de *sage*, *poliment* de *poli*, *agréablement* d'*agréable*, *modestement* de *modeste*.

3. — Il y a d'autres adverbes qui marquent
L'ordre, comme *premièrement, d'abord, ensuite*;
Le *lieu*, comme *où, ici, là*;
Le *temps*, comme *hier, autrefois, souvent, toujours*;
La *quantité*, comme *beaucoup, peu, assez*;
La *comparaison*, comme *plus, moins, aussi, autant*.

On creuse la terre *pour* y trouver des richesses.
Il faut toujours travailler *pour* le bien public.
Les hommes sont nés *pour* vivre en société.
Il faut savoir mourir *pour* la patrie.

8. — La citadelle de Lille a été construite *par* le maréchal de Vauban.

La ville de Dijon est remarquable *par* plusieurs monuments qui attirent l'attention des étrangers.

On achetait autrefois un bœuf *moyennant* six francs.

CHAPITRE VIII.

—

HUITIÈME ESPÉCE DE MOTS.

(Faites souligner les ADVERBES.*)*

1. — L'homme de bien est *trop* confiant : il *ne* peut *pas* croire au mal.

La fameuse cloche, appelée George d'Amboise, à Rouen, était une des *plus* belles du monde : elle pesait 40,000 livres. Elle fut brisée en 1793.

L'homme croit *aisément* ce qu'il craint ou ce qu'il desire.

(Faites souligner et analyser les ADVERBES *)*

2. — Ne jugeons *promptement* de personne, ni en bien ni en mal.

Répondez *poliment*; regardez *modestement*.

Les enfants prétendent qu'on les punit *injustement*.

N'agissez pas trop *légèrement*.

Ce que l'on conçoit bien s'énonce *clairement*,
Et les mots, pour le dire, arrivent *aisément*.

3. — Il y a deux choses sur lesquelles les hommes n'entendent pas raillerie : *premièrement* l'amour-propre, *ensuite* le bonheur.

D'abord il faut éviter le mal, *ensuite* il faut faire le bien.

Savez-vous *où* Napoléon est mort ? — A Sainte-Hélène.

Autrefois on ne connaissait pas l'usage de la vapeur.

Les enfants parlent *beaucoup* et réfléchissent *peu*.

L'Europe est *moins* grande que l'Asie.

La Seine n'est pas *aussi* rapide que le Rhône.

4.— *Remarque*. Certains adjectifs sont quelquefois employés comme adverbes. On dit : Chanter
juste, parler *bas*, voir *clair*, rester *court*, frapper
fort, sentir *bon*, etc. (1).

CHAPITRE IX.

—

NEUVIÈME ESPÈCE DE MOTS.

LA CONJONCTION.

REMARQUE. On a vu jusqu'à présent comment les
mots se joignent ensemble pour former un sens :
les mots ainsi réunis font une *phrase* ou *proposition*.
La plus petite proposition doit avoir au moins deux
mots, le sujet et le verbe, comme *je chante, vous lisez, l'homme meurt :* souvent le verbe a un régime,
comme, *je chante un air, vous lisez une lettre,* etc.

La CONJONCTION est un mot qui sert à joindre un
mot à un autre mot, comme *mon père* ET *ma mère ;*
ou bien une phrase à une autre phrase, comme
quand on dit : *il pleure* ET *il rit en même temps.* Ce
mot *et* lie la première phrase *il pleure* avec la seconde *il rit.*

Il y a un grand nombre de conjonctions : l'usage

---

(1) Il est évident que ceci est une abréviation de langage ;
car rien n'empêcherait de dire : *chanter* JUSTEMENT ; *voir*
CLAIREMENT ; *frapper* FORTEMENT. Cette manière de parler
est, au fond, assez bizarre, et d'autant plus fâcheuse qu'elle
donne souvent lieu à des incorrections. C'est ainsi que nous en-
tendons dire : *cette fleur sent* BONNE ; *j'ai pris cette bille trop*
FINE, etc.

4. — Cette actrice chante *très juste;* malheureusement elle resta *court* au milieu de son grand air.

Des secours sont payés bien *cher* lorsqu'il faut qu'on les mendie.

N'affectez jamais de parler *bas;* mais gardez-vous de parler trop *haut.*

CHAPITRE IX.

—

NEUVIÈME ESPÈCE DE MOTS.

(Faites souligner les CONJONCTIONS.)

1. — La terre est divisée en cinq parties : l'Europe, l'Asie, l'Afrique, l'Amérique *et* l'Océanie.

Un sage a dit *que* l'instruction est un trésor, *et que* le travail en est la clé.

Il y a quatre saisons : le printemps, l'été, l'automne *et* l'hiver.

On veut toujours son bien, *mais* on ne le voit pas toujours.

Il ne convient à personne de se glorifier *ni* d'avoir honte de sa naissance.

Evitez l'oisiveté, *parcequ'*elle est la mère de tous les vices.

L'agriculture *et* le commerce sont également utiles dans un Etat; *car* l'une nourrit les habitants *et* l'autre les enrichit.

Les miroirs ont une origine fort ancienne; *mais* les vrais miroirs, ceux de verre étamé, ne furent connus qu'au treizième siècle.

Toricelli, inventeur du baromètre, publia son invention en 1646, *et* d'autres physiciens la perfectionnèrent après lui.

Qui ne sait être *ni* père, *ni* mari, *ni* fils, *ni* ami, n'est pas homme de bien.

Au commencement du dix-septième siècle, les fusils furent substitués à l'arquebuse *et* au mousquet.

Le thé est un arbuste toujours vert, qui croît à la Chine *et* au Japon.

Il est plus beau de se vaincre soi-même *que* de vaincre ses ennemis.

Le vent est plus ou moins froid, *selon* qu'il nous vient du nord *ou* du sud.

seul peut les faire connaître. La plus ordinaire est *que.*

On distingue la conjonction *que* du *que* relatif, en ce qu'elle ne peut pas se tourner par *lequel, laquelle.*

CHAPITRE X.

—

DIXIÈME ESPÈCE DE MOTS.

L'INTERJECTION.

L'INTERJECTION est un mot dont on se sert pour exprimer un sentiment de l'âme, comme la joie, la douleur, etc.

La joie : *Ah! Bon!*

La douleur : *Aie! Ah! Hélas! Ouf!*

La crainte : *Ha! Hé!*

L'aversion : *Fi! Fi donc!*

L'admiration : *Oh!*

Pour encourager : *Çà! Allons! Courage!*

Pour appeler : *Holà! Hé!*

Pour faire taire : *Chut! Paix!*

REMARQUES PARTICULIÈRES

SUR CHAQUE ESPÈCE DE MOTS.

DES NOMS COMPOSÉS (1).

1.—Quand un nom est composé de deux substan-

---

(1) Il serait bien à desirer que tous ces noms *composés* fussent réduits à l'état de mots *simples* : ils suivraient la règle générale du pluriel. On écrirait des *portecrayons*, des *tirelignes*, des *contrecoups*, comme on écrit des *soucoupes*, des *gendarmes*, des *lieutenants*, etc.

(*Faites distinguer la* CONJONCTION *du* RELATIF.)

Il faut *que* tu choisisses pour ton ami l'homme *que* tu connais pour être le plus vertueux.

N'allez pas croire *que* ce *que* j'ai dit est vrai : cela n'était *qu'*une simple plaisanterie.

Je vous ai déjà dit *que* la girafe *que* vous avez vue au Jardin des Plantes vient de l'Afrique.

CHAPITRE X.

—

DIXIÈME ESPÈCE DE MOTS.

(*Faites souligner les* INTERJECTIONS, *et demandez ce qu'elles* EXPRIMENT.)

Ah ! que les criminels éprouvent de tourments ! (*Douleur.*)

Silence, messieurs : on ne parle pas en classe. (*Silence.*)

Allons, défendons-nous, mais n'attaquons personne. (Pour *encourager*.)

Chut ! sachez que la raillerie est toujours indécente. (*Silence.*)

Ah ! qu'il est doux, après un long exil, de revoir sa patrie. (*Joie.*)

Courage ! camarades : nous surmonterons tous les obstacles. (Pour *encourager.*)

Fi, l'horreur ! un homme peut-il se déshonorer ainsi? (*L'aversion.*)

Tout homme qui crie : « *Holà !* suivez-moi, je vais vous conduire, » entraîne après lui la multitude. (Pour *appeler.*)

Paix ! il n'y a qu'un sot qui puisse se vanter ainsi. (*Silence.*

DES NOMS COMPOSÉS.

(*Dictez le* SINGULIER; *l'élève écrira le* PLURIEL.)

1.—SING. Un chef-lieu.   PLUR. Des chefs-lieux.
    Un chien-loup.   Des chiens-loups.
    Un laurier-rose.   Des lauriers-roses.
    Un chou-fleur.   Des choux-fleurs.
    De l'eau-forte.   Des eaux-fortes.

tifs ou d'un nom et d'un adjectif, ils prennent tous les deux la marque du pluriel. Exemple : un *arc-boutant*, *des arcs-boutants.*

2. — Quand il est composé de deux noms unis par une préposition, on ne met la marque du pluriel qu'au premier des deux noms. Exemples : Un *chef-d'œuvre*, des *chefs-d'œuvre*, un *arc-en-ciel*, des *arcs-en-ciel.*

3. — Quand il est composé d'une préposition et d'un nom, ou bien d'un verbe et d'un nom, le nom seul prend la marque du pluriel. Exemples : Un *entre-sol*, des *entre-sols*; un *garde-fou*, des *garde-fous* (1).

NOMS DE NOMBRE.

1. —*Cent* au pluriel, et *vingt* dans quatre-*vingt*, prennent un *s* quand ils ne sont pas suivis d'un autre nom de nombre. Exemples : *deux cents* hommes, *quatre-vingts* volumes.

Pour la date des années on écrit *mil*. Exemple : *L'hiver fut très rigoureux en* mil *sept cent neuf.* Partout ailleurs on écrit *mille*, qui ne prend jamais *s* : *deux* mille *hommes* (2).

2. — On dit : une *demi-heure*, une *demi-livre*. Ce mot *demi* ne change pas quand il est devant le nom; mais dites : Une heure et *demie*, une livre et *demie*. Quand le mot *demi* est après le nom, il en prend le genre (3).

---

(1) Ce n'est pas une faute d'écrire *entresol*, *gardefou.*

(2) Il faut distinguer *mille*, nom de nombre, du substantif *mille*, qui signifie mille pas. Ex. : *Trois milles font environ une lieue.*

(3) Il est bien entendu que *demi* ne se met jamais au pluriel. Ainsi on écrira *deux livres et demie.*

Un beau-père.	Des beaux-pères.
Un petit-maître.	Des petits-maîtres.
Un chat-huant.	Des chats-huants.
2. — Un aide-de-camp.	Des aides-de-camp.
Un pot-de-vin.	Des pots-de-vin.
Un ciel-de-lit	Des ciels-de-lit.
Une femme de-chambre.	Des femmes-de-chambre.
Du blanc-de-baleine.	Des blancs-de-baleine.
Un pied-d'alouette.	Des pieds-d'alouette.
3. — Un contre-coup.	Des contre-coups.
Un sous-lieutenant.	Des sous-lieutenants.
Une arrière-boutique.	Des arrière-boutiques.
Un porte-crayon.	Des porte-crayons.
Un garde-malade.	Des garde-malades.
Un abat-jour.	Des abat-jours.

(Dictez les phrases suivantes.)

1. — Il n'y a pas un roi de France qui ait vécu jusqu'à l'âge de *quatre-vingts* ans.

S. Louis fonda l'hospice des *Quinze-Vingts* pour *trois cents* gentilshommes à qui les Sarrasins avaient fait crever les yeux.

Moscou est à *six cents* lieues de Paris.

Napoléon vainquit les Autrichiens à Marengo en *mil* huit cent.

C'est de l'année *mil* quatre cent quarante que date l'invention de l'imprimerie.

Cent familles, possédant chacune dix *mille* francs, sont plus utiles qu'une seule qui possède un million.

2. — Il faut trente secondes pour une *demi-minute.*

Une *demi-pistole* vaut cinq francs.

La girafe a treize pieds et *demi* de haut.]

La *demi-aune* valait vingt-deux pouces.

Une *demi-fortune* ne suffit pas à l'ambitieux.

Une *demi*-livre valait huit onces : parconsequent, il fallait vingt-quatre onces pour faire une livre et *demie.*

Une *demi*-heure est égale à trente minutes.

Une *demi-heure* de félicité suffit pour effacer une année de malheurs.

Henri IV fut assassiné à trois heures et *demie* du soir, dans la rue de la Ferronerie à Paris.

On appelle *demi-lune* un ouvrage en triangle dans le dehors d'une place de guerre.

PRONOMS.

1. — Il faut distinguer l'ARTICLE *le, la, les* du PRONOM *le, la, les. L'article* est toujours suivi d'un nom : *Le* frère, *la* sœur, *les* hommes ; au lieu que le *pronom* est toujours joint à un verbe, comme *Je* le *connais, je* la *respecte, je* les *estime.*

2. — Le pronom *le* ne prend ni genre ni nombre quand il tient la place d'un adjectif ou d'un verbe. Par exemple, si l'on disait à une femme : *Madame, êtes-vous malade ?* il faudrait qu'elle répondît : *Oui, je* LE *suis,* et non pas *je* LA *suis,* parceque *le* tient la place de l'adjectif *malade.* — *On doit s'accommoder à l'humeur des autres autant qu'on* LE *peut :* je mets LE, parcequ'il tient la place du verbe *s'accommoder* (1).

3. — Il ne faut pas se servir du pronom *son, sa, ses, leur, leurs,* mis pour un nom de *chose,* à moins que ce nom ne soit exprimé dans le même membre de phrase. Ainsi ne dites pas : *Paris est beau, j'admire* ses *bâtiments ;* mais dites : *j'en admire les bâtiments.*

On emploie bien *son, sa, ses,* etc. pour un nom de *chose,* quand ce nom est exprimé dans le même membre de phrase. Ainsi on dit bien : *la Seine a* SA *source en Bourgogne* (2).

4. — Il faut dire : *C'est en Dieu* QUE *nous devons*

---

(1) Le pronom *le* suit la règle d'accord, lorsqu'il tient la place d'un *substantif.* Ex. : Etes-vous la mère de cet enfant ? — Je LA suis.

(2) Cependant, quoique le nom de *chose* ne soit pas dans la même phrase, on se sert bien de *son, sa, ses,* quand il est régi par une préposition, comme : *Paris est beau ; j'admire la grandeur* de ses *bâtiments.*

(Demandez si LE *est article* ou *pronom.)*

1. — Comment un autre pourra-t-il garder notre secret si nous ne pouvons pas *le* garder nous-mêmes?

On prétend que *le* bien est plus ancien dans *le* monde que *le* mal : *le* croyez-vous?

Si tu achètes *le* superflu, tu vendras bientôt le nécessaire.

(Demandez pourquoi LE *est invariable.)*

2. — Les Italiens passent pour être vindicatifs : on dit même qu'ils *le* sont à l'excès.

Quand on demandait à Cornélie, mère des Gracques, si elle était riche, elle répondait : Je *le* suis; et elle montrait ses enfants qu'elle appelait ses bijoux et ses richesses.

Germanicus dit à ses soldats mutinés : Etes-vous Romains? — Nous *le* sommes, répondirent-ils.

Les mathématiques sont plus difficiles à étudier que je ne *le* croyais.

La terre, naturellement fertile, *le* serait bien davantage si elle était mieux cultivée.

(Dictez les FAUTES; *l'élève les corrigera.)*

3. — Quand on est dans un pays, il faut suivre *son* usage (*en* suivre l'usage).

Qui peut lire l'Evangile sans trouver *sa* morale sublime (sans *en* trouver la morale...).

Néron, bourreau de Rome, était *son* histrion (*en* était l'histrion).

Jésus-Christ mourut pour rendre témoignage à la vérité : il fut *son* premier martyr (il *en* fut le premier martyr.)

L'Oise a *sa* source dans la forêt de Saint-Michel.
Chaque travail *a* sa fatigue.
Une bonne action trouve toujours *sa* récompense.
L'étude *a* ses douceurs.

4. — C'est *à* la crainte de l'injustice *à* qui l'on doit les lois (*que* l'on doit...)

C'est *à* un moine allemand *à* qui est due l'invention de l poudre à canon (*qu'*est due).

C'est *à* Jacquart *à* qui nous devons les métiers à filer le coton (*que* nous devons). C'est *à* lui *à* qui on vient d'élever un monument à Lyon (*que* l'on vient).

mettre notre espérance, et non pas EN QUI ; — *C'est à vous-même* QUE *je veux parler*, et non pas A QUI ; c'est-à-dire qu'il ne faut pas répéter la préposition. Mais on peut très bien dire : *C'est Dieu* EN *qui nous devons mettre notre espérance ; — C'est vous* A *qui je veux parler.*

5. — *Qui* relatif est toujours de la même personne que son *antécédent.* Ainsi il faut dire *moi* qui *ai vu, vous* qui *avez vu, nous* qui *avons vu,* etc. Retranchez *qui,* il reste *vous..... avez vu, nous..... avons vu.*

Qui, précédé d'une préposition, ne se dit jamais des choses, mais seulement des personnes ou des choses personnifiées. Ainsi ne dites pas : *Les sciences* A QUI *je m'applique,* mais AUXQUELLES *je m'applique.* On dira bien : *Le travail* A QUI *je dois la vie fut mon sauveur.*

6. — *Ce* devant le verbe *être* veut ce verbe au singulier, excepté quand il est suivi de la troisième personne du pluriel. On dit : C'est *moi,* c'est *toi,* c'est *lui,* c'est *nous,* c'est *vous qui ;* mais il faut dire : Ce sont *eux,* ce sont *elles,* ce sont *vos ancêtres qui ont bâti cette maison.*

7. — *Tout* mis pour *quoique, entièrement,* ne change point de nombre devant un adjectif masculin. Ainsi dites : *Les enfants,* TOUT *aimables qu'ils sont, ne laissent pas d'avoir bien des défauts.*

Tout ne change ni de genre ni de nombre devant un adjectif féminin pluriel qui commence par une voyelle ou par un *h* muet. Ainsi dites : *Ces images,* TOUT *amusantes qu'elles sont, ne me plaisent pas.*

Mais si l'adjectif féminin est au *singulier,* ou si, étant au pluriel, il commence par une consonne ou

(Dictez les FAUTES ; *l'élève corrigera.)*

C'est *à* Franklin *à* qui l'on doit la découverte des paratonnerres (*que* l'on doit).

C'est *de* l'observation des lois *desquelles* dépend le sort de toute nation (*que* dépend).

C'est *à* Richelieu *à* qui Louis XIII abandonna les rênes du gouvernement (*que* Louis XIII).

5. — J'ai bien le droit de vous reprendre, moi qui *est* votre maître (qui *suis*).

C'est vous, hypocrites, qui *prêchent* la vertu et qui la *pratiquent* le moins (*prêchez, pratiquez*).

Nous ne verrons pas les plus grands progrès de l'industrie, nous qui *sont* déjà vieux (qui *sommes*).

Nous pouvons parler des hauts faits de Napoléon, nous qui *ont* servi sous son commandement (qui *avons*).

De tous les attributs de la Divinité, la bonté est celui sans *qui* on peut le moins la concevoir (sans *lequel*).

Il y a deux choses à *qui* il faut bien s'accoutumer : les injures du temps et les injustices des hommes (*auxquelles*).

Le siége de la citadelle d'Anvers à *qui* nous avons assisté a duré dix-sept jours (*auquel*).

6. — Les astronomes qui prétendent connaître la nature des étoiles fixes, assurent que *c'est* autant de soleils (*ce sont*).

C'est les labeurs du paysan qui assurent la subsistance du riche (*ce sont*).

C'est la justice et la bonté de Louis XII qui l'ont rendu digne du surnom de *Père de la Patrie* (*ce sont*).

Nous portons en nous-mêmes nos plus grands ennemis : *c'est* nos passions (*ce sont*).

7. — La chouette ne pond que trois œufs *tous* blancs, *tous* ronds et gros comme ceux d'un pigeon ramier (*tout*).

Tous grands que soient les rois, que sont-ils sans la justice? (*tout*).

Toutes admirables, *toutes* étonnantes qu'étaient les qualités militaires de Charles XII, roi de Suède, on ne peut s'empêcher de blâmer sa témérité (*tout*).

Toutes affreuses, *toutes* horribles que furent les cruautés de Tibère, elles n'égalèrent pas celles de Néron (*tout*).

La terre est *tout* fendue pendant une longue sécheresse (*toute*).

Les négresses aiment les robes *tout* blanches (*Toutes*).

par un *h* aspiré, alors on met *toute, toutes*. Exemple : *Cette image,* TOUTE *amusante qu'elle est, ne me plaît pas. — Ces images,* TOUTES *belles qu'elles sont, ne me plaisent pas* (1).

8. — *Quelque..... que* s'écrit de trois manières :

1º S'il y a un adjectif entre *quelque* et *que,* alors *quelque* ne prend jamais *s* à la fin. *Ex. : Les rois,* quelque *puissants qu'ils soient, ne doivent pas oublier qu'ils sont hommes.*

2º S'il y a un substantif entre *quelque* et *que,* alors on met *quelque* au même nombre que le substantif. *Ex. :* Quelques *richesses* que *vous ayez, vous ne devez pas en être orgueilleux.*

3º Si le substantif n'est placé qu'après le *que* et le verbe, alors il faut écrire en deux mots séparés *quel que,* ou *quelle que, quels que* ou *quelles que. Ex. :* Quelle que *soit votre force,* quelles que *soient vos richesses, vous ne devez pas en être orgueilleux.— Votre puissance,* quelle qu'*elle soit, ne vous donne pas le droit de mépriser les autres.*

9.—*Ceci, celui-ci* désignent un objet plus proche; *cela, celui-là* désignent une chose plus éloignée. C'est pour cela que *celui-ci* s'emploie pour la personne dont on a parlé en dernier lieu, et *celui-là* pour la personne dont on a parlé en premier lieu. *Ex. : Les deux philosophes Héraclite et Démocrite étaient d'un caractère bien différent :* CELUI-CI *riait toujours,* celui-là *pleurait sans cesse.*

10. — Le mot *personne* employé comme *pronom* est du masculin; on dit : *Je ne connais personne plus* HEUREUX *que lui.* Mais *personne* employé comme

---

(1) Quand *tout* signifie *entièrement,* il devrait toujours être *invariable.*

L'ame demeure *tout* étonnée et *tout* stupéfaite à la vue des grandes scènes de la nature (*toute*).

Tout grandes, *tout* peuplées que soient nos villes, elles le sont beaucoup moins que celles de la Chine (*toutes*).

(*Les phrases suivantes sont bien* orthographiées.)

8. — *Quelque* puissant, *quelque* élevés *que* soient les rois, ils sont ce que nous sommes.

Quelque grands *que* fussent les généraux athéniens, l'exil était souvent leur récompense.

Quelque méchants que soient les hommes, ils n'osent point paraître ennemis de la vertu.

Quelques crimes toujours précèdent les grands crimes.

Quelques services que vous rendiez à un ingrat, c'est un serpent que vous réchauffez dans votre sein.

Quelques trésors que nous possédions, nos desirs ne sont jamais satisfaits.

Quelle que soit leur expérience, les hommes peuvent toujours se laisser égarer.

Quelle que fût la force du lion, il se laissa vaincre par un moucheron.

Votre instruction, *quelle qu'elle* soit, n'en soyez point orgueilleux.

Tout homme, *quel qu'il* soit, doit avoir un état, et faire quelque chose d'utile, soit pour lui-même, soit pour ses concitoyens.

(*Dictez les* FAUTES; *l'élève corrigera.*)

9. — Voyez l'âne et le cheval : *celui-là* porte la tête haute, *celui-ci* la tient toujours baissée.

Il faut avoir une santé robuste et une fortune suffisante : mais *celle-là* est moins nécessaire que *celle-ci*.

Victor est l'aîné, Émile est le plus jeune : *celui-ci* a quatorze ans, *celui-là* n'en a que onze.

Le corps périt et l'ame est immortelle : cependant on néglige *celle-là* et tous les soins sont pour *celui-ci*.

L'opulence et le repos sont à une si grande distance l'un de l'autre, que plus on approche de *celle-ci*, plus on s'éloigne de *celui-là*.

10. — Il n'est personne qui ne soit exposé à avoir des ennemis.

Les personnes sensibles ont en elles les semences de tous les sentiments généreux.

Ceux à qui tout le monde convient ne conviennent ordinairement à personne.

substantif est du féminin : *Cette* personne *est très*
HEUREUSE (1).

REMARQUES SUR LES VERBES.

1. — Le sujet, soit nom, soit pronom, se place
après le verbe :

1º Quand on interroge. Exemples : *Que pense-*
ront de vous LES HONNÊTES GENS, *si vous n'êtes pas*
*sage? Irai-*JE*? Viendras-*TU*? Est-*IL *arrivé?*

2º Le sujet se met encore après le verbe quand
on rapporte les paroles de quelqu'un. *Je me croirai*
heureux, disait UN BON ROI, *quand je ferai le bonheur*
de mes sujets (2).

2. — Quand le verbe qui précède *il, elle, on,* finit
par une voyelle, on ajoute un *t* devant *il, elle, on.*
Exemple : *Appelle-*T*-il? Viendra-*T*-elle? Aime-*T*-on*
les paresseux? (3)

3. — On ne doit se servir du passé *défini* qu'en parlant d'un temps absolument écoulé, et dont il ne reste
plus rien. Ainsi ne dites pas : J'ÉTUDIAI *aujourd'hui,*
cette semaine, cette année, parceque le jour, la semaine, l'année ne sont pas encore passés; mais on
dit bien : J'ÉTUDIAI *hier, la semaine dernière, l'an*
passé, etc.

4. — Le passé *indéfini* s'emploie indifféremment

---

(1) Le mot *personne* est substantif lorsqu'il est précédé d'un
article ou d'un adjectif déterminatif : LA *personne,* CETTE
personne.

(2) La phrase directe serait ainsi conçue : *Un bon roi di-*
sait : Je serai heureux... etc.

(3) L'addition du *t* et du *s* euphoniques donne la raison des
fautes suivantes : *donne-moi-*Z*-en ; — Il va-*T*-en ville.* Notre
langage est plein d'hiatus qui blessent notre oreille. Pourquoi
donc s'étonner que nous cherchions à en adoucir la rudesse?

Personne n'a jamais été comparé à Lafontaine pour la naïveté, ni à Racine pour l'élégance.

Cette personne est bien affligée : elle vient d'apprendre la mort de son père.

(Faites souligner le VERBE *et le* SUJET.)

1. — De quoi ne vient pas à bout l'*esprit* de l'homme ?
Avez-VOUS déjà vu fabriquer des épingles ?
Que deviennent tous les *plaisirs* de la vie comparés avec les douceurs de l'étude ?

Je ne suis pas plus redevable à Philippe, mon père, *disait* ALEXANDRE, qu'à Aristote, mon précepteur : si je dois à l'un la vie, je dois à l'autre la vertu et les talents.

O science, *disait* PLATON : connue, que tu serais aimée !

2. — Napoléon n'a-*t*-il pas été vainqueur à la bataille d'Austerlitz ? — Oui.
Faudra-*t*-il vous raconter ses victoires ?
Aime-*t*-on jamais ceux que l'on craint ?

(Dictez les FAUTES ; *l'élève corrigera.)*

3. — L'empereur romain Titus disait à la fin d'un jour qu'il n'avait pu signaler par aucun bienfait : Mes amis, *je perdis* ma journée (*j'ai perdu*).

Nous vîmes, ce matin, un patineur disparaître sous la glace (*nous avons vu*).

Nous eûmes le regret de ne pas pouvoir le sauver (nous *avons eu*).

On peut dire que cette année-ci *fut* peu favorable aux vignerons (*a été*) ; mais on *récolta* une grande abondance de blé (on *a récolté*).

4. — Les Romains *ont triomphé* des nations les plus belliqueuses.

Les hommes qui *ont rendu* le plus de services à la patrie *ont* été presque toujours funestes à la liberté.

Les philantropes *ont* plus *fait* pour l'humanité que les conquérants.

Les arts et la philosophie *ont servi* à éclairer le monde.

Henri IV *a assiégé* Paris et n'a pas *pu* s'en emparer.

La nature *s'est trouvée* dans différents états.

La surface de la terre *a pris* successivement des formes différentes.

pour un temps passé, soit qu'il en reste encore une partie à écouler ou non. On dit bien : J'AI ÉTUDIÉ *ce matin, hier, cette semaine, la semaine passée,* etc.

A quel temps du subjonctif faut-il mettre le verbe qui suit la conjonction *que,* quand elle régit ce mode ?

Ire *règle.* — Quand le premier verbe est au présent ou au futur de l'indicatif, mettez le second verbe au *présent* du subjonctif.

> Il faut
> Il faudra } que vous *soyez* plus attentif.

2e *règle.* — Quand le premier verbe est à l'un des temps passés de l'indicatif, ou au conditionnel, mettez le second verbe au passé imparfait du subjonctif.

> Il fallait. . .
> Il fallut . . .
> Il a fallu. . .
> Il eût fallu . } que vous *fussiez* plus attentif (1).
> Il faudrait. .
> Il aurait fallu

REMARQUES SUR LES PRÉPOSITIONS.

1. — Ne confondez pas *autour* et *alentour. Autour* est une préposition, et elle est toujours suivie d'un régime :—AUTOUR *d'un trône.*—*Alentour* n'est qu'un adverbe, et il n'a point de régime : *Il était sur son trône, et ses fils étaient* ALENTOUR.

2.—Ne confondez pas *avant* et *auparavant. Avant* est une préposition, et elle est toujours suivie d'un régime : AVANT *l'âge,* AVANT *le temps.*—*Auparavant*

---

(1) Si vous voulez exprimer un passé par rapport au premier verbe, mettez le second verbe au *plusqueparfait* du subjonctif. Ainsi dites : *Pour obtenir les honneurs du triomphe chez les Romains,* il fallait qu'on *eût tué* cinq mille ennemis.

Les lois de Minos, roi de Crète, *ont été* reconnues pour être les plus anciennes.

Un tremblement de terre ensevelit les villes de [Pompeï et d'Herculanum en Italie. On *a* déjà *découvert* une grande partie de ces deux villes.

(*Dictez le second verbe à* L'INFINITIF ; *l'élève le mettra au* TEMPS *de la règle.*)

1. — Il faut que celui qui parle *se mettre* à la portée de ceux qui l'écoutent (*se mette*).

Croyez-vous que l'on *pouvoir* devenir savant sans étudier (que l'on *puisse*) ?

Il faudra qu'un jour tous les préjugés qui nous environnent encore *faire* place à la raison et à la vérité (*fassent*).

2. — Turenne refusa la marchandise qu'on lui offrait à crédit : « Je craindrais, disait-il au marchand, que, si je venais à mourir, tu n'en *perdre* une partie » (tu n'en *perdisses*).

Les Romains ne voulaient point de victoires qui *coûter* trop de sang (qui *coûtassent*).

Il faudrait qu'il n'y *avoir* ni extrême misère ni richesses extrêmes (qu'il n'y *eût*).

Après la mort de l'empereur Claude, les Romains priaient les dieux qu'un bon prince *venir* fermer les plaies de l'Etat (*vînt*).

Ils ne pensaient pas que Néron *devoir* surpasser les cruautés de ses prédécesseurs (*dût*).

(*Dictez les* FAUTES ; *l'élève corrigera.*)

1. — Les planètes sont des corps opaques qui tournent *alentour* du soleil (*autour*).

Il se répand *alentour* du trône un certain nuage de grandeur qui empêche que la vérité parvienne jusqu'aux princes (*autour*).

La même puissance qui multiplie les flatteurs *alentour* des rois y rend aussi les amis plus rares (*autour*).

2. — La tortue arriva au but *auparavant* le lièvre (*avant*).

Marius fut sept fois consul : ce qui n'était jamais arrivé *avant* (*auparavant*).

La grêle n'est autre chose que de la pluie qui est cristallisée *auparavant* d'arriver sur la terre (*avant*).

Attendez que la digestion soit faite *auparavant* d'aller au bain (*avant*).

n'est qu'un adverbe, et il n'a point de régime : *Ne partez pas si tôt, venez me voir* AUPARAVANT.

3.—*Au travers* est suivi de la préposition *de : Au travers* DES *ennemis.—A travers* n'en est pas suivi. On dit A TRAVERS *les ennemis.*

REMARQUES SUR LES ADVERBES.

1.—*Plus* et *davantage* ne s'emploient pas toujours l'un pour l'autre : *davantage* ne peut être suivi de la préposition *de* ni de la conjonction *que.* Ainsi on ne peut pas dire : *Il a* DAVANTAGE de *brillant* que de *solide,* mais PLUS de *brillant.* On ne dit pas : *Il se fie* DAVANTAGE *à ses lumières* qu'à *celles des autres,* mais *il se fie* PLUS *à ses lumières* qu'à *celles des autres.*

Davantage ne peut s'employer que comme adverbe. Exemple : *La science est estimable, mais la vertu l'est bien* DAVANTAGE.

2.—Ne confondez pas l'adverbe *près de,* qui signifie *sur le point de,* avec l'adjectif *prêt à,* qui signifie *disposé à.* On ne dit point : *Il est* PRÊT A *tomber,* mais *Il est* PRÈS DE *tomber.*

3.—Ne confondez pas *à la campagne* et *en campagne.* Ce dernier ne se dit que du mouvement des troupes : *L'armée est* EN CAMPAGNE ; mais il faut dire : *J'ai passé l'été* A LA CAMPAGNE.

REMARQUES SUR LE RÉGIME.

1.—RÈGLE.—Un substantif ne peut pas être à la fois régime d'un verbe et d'une préposition. Ainsi on ne peut pas dire : *Cet officier* ATTAQUA *et s'empara* DE *la ville.* Il faut dire : *Cet officier* ATTAQUA *et* PRIT *la ville.*

(Dictez les FAUTES; l'élève corrigera.)

3. — Un grand cœur se fait jour *au travers* LES périls (*au travers* DES).

Les femmes ne doivent rien voir qu'*à travers* DU voile de la modestie (*à travers* LE).

Le génie et la vertu marchent *au travers* LES obstacles (*au travers* DES).

1. — Les Romains ont remporté *davantage* de victoires que les Grecs (*plus* de...).

Ceux qui souhaitent du bien aux autres sont souvent *davantage* généreux que ceux qui en font (*plus* généreux).

L'homme qui est *davantage* propre à remplir une place, et qui en est *davantage* digne, n'est pas toujours celui qui l'obtient (*le plus*).

Rien n'approche *davantage* un homme de la Divinité que la bienfesance (*plus*).

On peut bien dire que les livres où il y a *davantage* de brillant que de solide sont maintenant à la mode chez nous (*plus* de).

Il faut être *davantage* grand pour pardonner une injure que pour s'en venger (*plus* grand).

2. — On ne connaît souvent l'importance d'une chose que quand on est *prêt à* l'exécuter (*près de*).

Un soldat doit toujours être *près* d'obéir (*prêt à*).

Au mois d'octobre, les beaux jours sont bien *prêts à* finir (*près de*).

3. — Il est agréable de passer la belle saison *en campagne* (*à la campagne*).

Napoléon s'est souvent mis *à la campagne* au commencement de l'hiver (*en campagne*).

On disait dernièrement que les troupes devaient se mettre bientôt *à la campagne* (*en campagne*).

1. — Le maréchal d'Hocquincourt *attaqua* et se *rendit* maître d'Angers (*attaqua* Angers et s'en *rendit maître*).

Le bonheur le plus grand, le plus digne d'envie,
Est celui d'être *utile* et *chéri* DE sa patrie (*cher* A).

Un des plus beaux titres de Louis XIV, c'est d'avoir su *protéger* et être libéral *envers* les savants (*protéger* les savants et être libéral *envers* eux).

REMARQUES

SUR L'ORTHOGRAPHE DE QUELQUES MOTS.

1.— *Leur* ne prend jamais *s* à la fin quand il est joint à un verbe : alors il signifie *à eux, à elles*. Ex. : *Ces enfants ont été sages, je* LEUR *donnerai un prix.*

Leur, suivi d'un nom pluriel, prend un *s* : alors il signifie *d'eux, d'elles*. Ex. : *Un père aime ses enfants ; mais il n'aime pas* LEURS *défauts.*

2.—On ne met point d'accent sur l'o des adjectifs possessifs *notre, votre* : NOTRE *père,* VOTRE *maison ;* mais on met un accent circonflexe sur l'o des pronoms possessifs *le nôtre, le vôtre, la nôtre, la vôtre* : *Mon livre est plus beau que le* VÔTRE.

3.—On met un accent grave sur *là*, adverbe de lieu : *Allez là.* On n'en met point sur *la*, article : LA *mère ;* ni sur le pronom féminin *la* : *Je* LA *connais.*

4.—On met un accent grave sur *où*, adverbe de lieu : *Où allez-vous ?* On n'en met point sur *ou*, conjonction : *C'est vous ou moi* (1).

5.—On met un accent grave sur *à*, préposition : *Je vais à Paris.* On n'en met point sur *a*, troisième personne du verbe *avoir : Il* A *de l'esprit.*

6.—On met un accent circonflexe sur *dû*, participe du verbe *devoir : Rendez à chacun ce qui lui est dû.* On n'en met point sur *du*, article : *La lumière* DU *soleil* (2).

---

(1) *Ou* est toujours conjonction quand on peut dire *ou bien : C'est vous* OU BIEN *moi.*

(2) Le participe *dû* ne prend l'accent circonflexe qu'au singulier masculin.

REMARQUES.

(Faites souligner et analyser les MOTS *qui font l'objet de la règle.)*

1. — Quand des enfants demandent des choses déraisonnables, on les *leur* refuse.

Ce serait *leur* nuire que de satisfaire tous *leurs* caprices.

Si les riches ont *leurs* jouissances, ils ont aussi *leurs* chagrins.

Si les hommes me demandaient si la vie est un bien, je *leur* répondrais que cette question n'est pas facile à résoudre.

2. — Combattez vaillamment pour *notre* gloire et pour la *vôtre*.

Notre vie passe comme l'ombre.

Notre tâche est terminée : la *vôtre* commence.

Notre bonheur provient quelquefois des causes qui devaient amener *notre* perte.

3. — *La* glace ne se forme jamais dans les fontaines d'eau vive.

Bonaparte leur dit : « Allez *là :* enlevez la redoute ou faites-vous tuer. »

4. — Je vous suivrai partout *où* vous irez.

Où nos troupes iront-elles? en Autriche *ou* en Prusse?

Je crois qu'elles iront en Pologne *où* il y a de grands malheurs à réparer.

5. — La girafe *a* les jambes de devant plus hautes que celles de derrière.

Sur un chemin de fer, on attèle un seul cheval *à* la plus lourde voiture.

6. — J'aurai de la peine à me faire payer de ce qui m'est *dû*.

Les haricots *du* Soissonnais sont très renommés. Les truffes *du* Périgord ont également une réputation méritée.

S'il vous était *dû* 45 francs, et qu'on vous en payât 38, combien vous devrait-on encore? — 7 francs.

Nous ne devons pas attendre que l'ouvrier nous demande ce qui lui est *dû*.

Orléans est le chef-lieu *du* département *du* Loiret.

Napoléon n'aurait pas *dû* entreprendre la campagne de Russie.

L'ordre *du* chef a *dû* être exécuté.

DE LA PONCTUATION.

Il y a six marques ou signes principaux pour indiquer en écrivant les endroits du discours où l'on doit s'arrêter.

1. — La *virgule* (,) se met après les noms, les adjectifs, les verbes qui se suivent. *La candeur, la docilité, la simplicité sont les vertus de l'enfance.* — *La charité est douce, patiente, bienfesante.*

La virgule sert encore à distinguer les différentes parties d'une phrase. *L'étude rend savant, la réflexion rend sage.*

2. — Le *point avec la virgule* (;) se met entre deux phrases dont l'une dépend de l'autre. *La douceur est, à la vérité, une vertu; mais elle ne doit pas dégénérer en faiblesse.*

3. — Les *deux points* (:) se mettent après une phrase finie, mais suivie d'une autre qui sert à l'étendre ou à l'éclaircir. *Il ne faut jamais se moquer des misérables : car qui peut s'assurer d'être toujours heureux ?*

4. — Le *point* (.) se met à la fin des phrases dont le sens est entièrement fini. *Le mensonge est le plus bas de tous les vices.*

5. — Le *point interrogatif* (?) se met à la fin des phrases qui expriment une interrogation. *Quoi de plus beau que la vertu?*

6. — Le *point d'admiration* (!) se met après les phrases qui expriment l'admiration. *Qu'il est doux de servir le Seigneur ! Qu'il est glorieux de mourir pour sa patrie !*

DE LA PONCTUATION.

(Faites **PONCTUER** *les phrases suivantes.)*

1 — Le cœur, l'esprit, les mœurs, tout gagne à la culture.

La prudence, la sagesse, la modération sont des vertus essentielles, nécessaires, indispensables au bonheur des hommes.

La richesse, le plaisir, la santé deviennent des maux pour qui ne sait pas en user.

Boire, manger, jouer, dormir, c'est l'occupation des paresseux.

L'Europe, l'Asie, l'Afrique, l'Amérique et l'Océanie sont les cinq parties du monde.

2. — L'éléphant ébranle la terre sous ses pas ; avec sa trompe il arrache les arbres ; d'un coup de son corps, il fait brèche dans un mur.

L'architecture, comme tous les arts, a pris naissance en Asie ; mais c'est en Grèce qu'elle s'est perfectionnée.

3. — Vous serez riches peut-être : n'oubliez pas alors que le plus noble emploi des richesses est de soulager les malheureux qui souffrent.

L'homme est né pour agir : l'inaction est une mort anticipée.

L'aumône est la prière par excellence : elle atteint toujours un but.

4. — On fauche les prés au mois de juin et, au mois de juillet. On moissonne au mois d'août ; on vendange au mois d'octobre.

5. — De quoi la patience de l'homme ne vient-elle pas à bout ?

Quelle est la plus grande ville de France ? — Paris.

6. — A tous les cœurs bien nés que la patrie est chère !

Que de richesses nous donne l'agriculture !

Que les sages sont en petit nombre, et qu'il est rare d'en trouver !

AUTRES SIGNES ORTHOGRAPHIQUES.

1. — *L'apostrophe* (') marque le retranchement d'une de ces trois lettres, *a, e, i,* comme dans

l'ardeur,	*l'ami,*	*s'il arrive;*
pour *la ardeur,*	*le ami,*	*si il arrive.*

2. — Le *trait-d'union* (-) se met entre deux mots tellement joints ensemble qu'ils n'en font plus qu'un : *chef-d'œuvre, courte-pointe, avant-coureur.*

Il s'emploie encore dans quelques autres circonstances : *Irai-je? Viens-tu? Puisses-tu! Rends-la-lui.*

3. — Le *tréma* (¨) placé sur les voyelles *e, i, u,* indique que ces lettres doivent être prononcées séparément de la voyelle qui précède, comme *naïf, Saül,* etc. (1).

4. — La *cédille* (¸) indique que le *c* devant *a, o, u,* doit avoir le son de *s,* comme dans *façon, leçon, façade, reçu.*

5. — Les *parenthèses* ( ) renferment quelques mots détachés dont le sens est, pour ainsi dire, étranger au sens de la phrase principale. Ex. : *Celui qui évite d'apprendre* (dit le sage) *tombera dans le mal.*

---

(1) On met le tréma sur l'*e* muet, et non pas sur l'*u* des mots suivants : *aigue, ambigue,* il *argue, cigue, contigue, exigue,* afinqu'on ne prononce point ces mots comme *fatigue.* Il semble au contraire que le tréma devrait se mettre sur la voyelle *u,* car c'est cette voyelle qui se fait surtout entendre dans la syllabe finale.

AUTRES SIGNES ORTHOGRAPHIQUES.

1. — *S'il* vient quelqu'un, tu diras que je *n'y* suis pas (*si il* vient **quel*que un* ; — *ne y*).

Le renard est *l'a*nimal le plus rusé (*le animal*).

*L'h*onnête homme ne *s'a*baisse jamais jusqu'à feindre (*le honnête homme ne *se* abaisse jamais jusque* à feindre).

2. — Versailles est le chef-lieu du département de Seine-et-Ōise.

Un terre-plein est un amas de terre élevée.

Un garde-manger doit toujours être placé dans un lieu où l'air puisse circuler librement.

Viendras-tu me voir ? Que dit-on ? Fera-t-on la guerre ?

Le malade a-t-il besoin de quelque chose ?

3. — La *ciguë* est une herbe vénéneuse.

Une maison *exiguë* est une maison petite.

On dit de deux maisons qui se touchent qu'elles sont *con-tiguës*.

4. — Il faut que, dès le bas-âge, nous soyons façonnés au travail.

Quand vous payez une dette, ayez toujours soin de demander un reçu.

5 — Je croyais, moi (jugez de ma simplicité !),
    Que l'on devait rougir de la duplicité.

    Fallut dîner : car, malgré leurs chagrins
    (Chétif mortel, j'en ai l'expérience),
    Les malheureux ne font point abstinence.

    Mes chers enfants, dit-il (à ses fils il parlait),
    Voyez si vous romprez ces dards liés ensemble.

LOCUTIONS VICIEUSES.

(MOTS VARIABLES.)

(Dictez les FAUTES, l'élève corrigera.)

Locutions vicieuses.	**Locutions correctes.**
Elle a *abîmé* sa robe.	Elle a *sali* sa robe.
Il a des souliers ACculés.	Il a des souliers Eculés.
A *nos âges* on n'étudie plus.	A *notre âge.* (L'âge de chacun.)
Il m'a *agonisé* de sottises.	Il m'a *accablé* de sottises.
L'*aigledon* est un duvet très-fin.	L'*édredon* est un duvet très-fin.
C'est un lieu bien *airé.*	C'est un lieu bien *aéré.*
A*jamber* un ruisseau	EN*jamber* un ruisseau.
Il faut A*largir* ce corset.	Il faut É*largir* ce corset.
De *la bonne* amadou.	De *bon* amadou.
Voilà un bel *angoLa.*	Voilà un bel *angoRa.*
Un bout de fil d'*aréchal.*	Un bout de fil d'*archal.*
Une *arche* de triomphe.	Un *arc* de triomphe.
Une ORM*oire.*	Une ARM*oire.*
Assis-toi.	*Assieds-toi.*
Si tu *t'avises* de sortir	Si tu *oses* sortir.
Il faut *balyer.*	Il faut *balAyer.*
Des *bamboches* et un caNeçon.	Des *pantoufles* et un caLeçon.
Il *bègue.*	Il *bégaie.*
Le vin est fait pour *boire.*	Le vin est fait pour *être bu.*
Il a *bosselé* ce chandelier.	Il a *bossué* ce chandelier.
Il *brouillasse.*	Il *bruine.*
Vous avez *rempli le but.*	Vous avez *atteint* le but.
Un propos *capable* de nuire.	Un propos *susceptible* de nuire.
J'ai mis de la *castonade* dans la *castrole.*	J'ai mis de la *cassonade* dans la *casserole.*
Le verre est *casuel.*	Le verre est *cassant, fragile.*
Il a une voix de *centaure.*	Il a une voix de *Stentor.*
Changez-vous.	*Changez de vêtements.*
Six boîtes à 2 francs *chaque.*	Six boîtes à 2 francs *chacune.*
Un marchand *clincailler.*	Un marchand *quincailler.*
Voilà un *chirugien* d'une belle *corporence*	Voilà un *chirurgien* d'une belle *corpulence.*
Allez au bout du coL*idor.*	Allez au bout du coRR*idor.*
Je vais *colorer* cette image.	Je vais *colorier* cette image.
C'est une affaire *conséquente.*	C'est une affaire *importante.*
Il *est bien corporé.*	Il *a de la corpulence.*
Il est *dangereux* que ce mur ne croûle.	Il est *à craindre* que ce mur ne croûle.
Il ne *décesse* de parler.	Il ne *cesse* de parler.
J'ai déjeûné *avec* du pâté.	J'ai déjeûné *de* pâté.
Je me *suis en allé.*	Je *m'en suis allé.*
J'ai une ENflamm*ation,* unE érÉs*ipèle,* une esquiL*ancie,* une *plurésie* et *les fièvres.*	J'ai une INflamm*ation,* un érys*ipèle,* une esquiN*ancie,* une *pleurésie* et *la fièvre.*

MOTS VARIABLES. (SUITE.)

(Dictez les **FAUTES** *, l'élève corrigera.)*

Locutions vicieuses.	**Locutions correctes.**
Il est DÉF*atué* de sa personne.	Il est IN*fatué* de sa personne.
C'est un danger *éminent* . .	C'est un danger IM*minent.*
Descendez vite *les escaliers.* .	Descendez vite *l'escalier.*
Évitez-moi cette peine.	*Épargnez*-moi cette peine.
Il *a fait* une longue maladie. .	Il *a eu* une longue maladie.
Il *fait* de la rosée.	Il *tombe* de la rosée.
Il *a été fait* mourir	Il a été mis à mort.
Cet homme est *farce.*	Cet homme est *farceur.*
Il m'a *fixé* longtemps	Il m'a *regardé* longtemps.
Cet homme est *fortuné.* . . .	Cet homme est *riche.*
J'ai eu la *fringale.*	J'ai eu la *faim-valle.*
Le *gaudron* est une espèce de poix.	Le *goudron* est une espèce de poix.
Le *gigier d'un* dinde.	Le *gésier d'une* dinde.
J'ai une hémorragie *de sang.* .	J'ai une *hémorragie.*
Imaginez-*vous* que.	*Imaginez* que.
Une place IM*minente.*	Une place *Éminente.*
N'*invectivez* personne.	N'*invectivez contre* personne.
Il *jouit* d'une mauvaise santé.	Il *a* une mauvaise santé.
Je *leur* suis parent.	Je suis *leur* parent.
Il y a un *jeu* d'eau	Il y a un *jet* d'eau.
Je *me suis laissé dire.*	*On m'a dit.*
Cette cuisine a un *lavier* . . .	Cette cuisine a un *évier.*
Les père et mère.	Le père et la mère.
Je *lui en* défie.	Je *l'en* défie.
J'ai eu 20 personnes à *manger.*	J'ai eu 20 personnes à *dîner.*
Une humeur *massacrante.* . .	Une humeur *insupportable.*
C'est un homme bien *membré.*	C'est un homme bien *membru.*
Il a un air *minable* et *rébarbaratif*	Il a un air *misérable* et *rébarbatif.*
Il *morigine* ses enfants. . . .	Il *morigène* ses enfants.
Aimez-vous les N*entilles,* la ré*moulade* et la *semouille*?. .	Aimez-vous les L*entilles,* la *rémolade* et la *semoule*?
Je vous *observe* que	Je vous *fais observer* que.
Quel or*agan* il a fait sur *les* minuit !	Quel ou*ragan* il a fait sur *le* minuit !
Est-il *ostiné!.*	Est-il OB*stiné !*
Le *palfermier* a reçu une *rincée*	Le *palefrenier* a reçu *bien des coups.*
Comprends-tu la *pantomine*?	Comprends-tu la *pantomime*?
Cette rue est très *passagère.* .	Cette rue est très *fréquentée.*
Je dis que cette personne est *bien portante.*	Je dis que cette personne *se porte bien.*
J'irai *vers les midi précisES.* .	J'irai *à midi précis.*

MOTS VARIABLES. (SUITE.)

(Dictez les FAUTES, *l'élève corrigera.)*

Locutions vicieuses.	**Locutions correctes.**
Je vous *promets* que cela est.	Je vous *assure* que.
*Qu'*a-t-il à se plaindre ?....	*De quoi* a-t-il à se plaindre ?
Cet enfant est *rancuneux*...	Cet enfant est *rancunier*.
Je ne me rappèle pas *de* son nom.	Je ne me rappèle pas *son* nom.
Il a *recouvert* la vue, la santé.	Il a *recouvré* la vue, la santé.
Où *restez-vous* ?........	Où *demeurez-vous* ?
Rétablir le *désordre*......	Rétablir l'*ordre*.
Il a pris sa *revanGE*......	Il a pris sa *revanCHE*.
Elle a l'air d'une sainte-*Mitouche*	Elle a l'air d'une sainte-*Nitouche*.
Tu *sais* bien un tel ?......	Tu *connais* bien un tel ?
On ne croit plus aux *sorciléges*.	On ne croit plus aux *sortiléges*.
Je *sors* d'être malade......	Je *viens* d'être malade.
Il est *susceptible* de faire cela.	Il est *capable* de faire cela.
Je *suis été* malade........	*J'ai été* malade.
Tâchez que je sois satisfait..	*Faites en sorte que*.
Tel qu'il soit, cela m'est égal.	*Quel* qu'il soit, cela m'est égal.
J'ai acheté trois *têtes* d'oreiller.	J'ai acheté trois *taies* d'oreiller.
Voici une étoffe bien *tissée*..	Voici une étoffe bien *tissue*.
Les fruits tombent *par* terre.	Les fruits tombent *à* terre.
Un arbre tombe *à* terre....	Un arbre tombe *par* terre.
Une fois pour *tout*........	Une fois pour *toutes*.
Faites le *trayage* des lettres.	Faites le *triage* (ou le *tri*).
Tu es un vilain *trichard*...	Tu es un vilain *tricheur*.
Un insecte est *vénéneux*....	Un insecte est *venimeux*.
Une plante est *venimeuse*...	Une plante est *vénéneuse*.
Comment *vous va* ?.......	Comment *vous portez-vous* ?
Voyez *voir*	*Voyez, regardez*.

MOTS INVARIABLES.

J'ai plusieurs endroits *à aller*.	Je *dois aller* dans plusieurs endroits.
Venir *à* bonne heure.....	Venir *de* bonne heure.
La maison *à* mon père.....	La maison *de* mon père.
On fait *à* savoir.........	On fait *savoir*.
De manière *à ce* que......	De manière *que*.
La clé est *après* la porte....	La clé est *à* la porte.
On demande *après* vous....	On *vous* demande.
Aussitôt son départ......	Aussitôt *après* son départ.
Cinq *à* six heures........	Cinq *ou* six heures.
*Au jour d'*aujourd'hui.....	*Aujourd'hui*.
C'est à vous *à qui* je parle..	C'est à vous *que* je parle.

Supérieurement *bien* fait . . .	*Supérieurement* fait.
Aussi grand *comme* moi. . . .	Vous êtes aussi grand *que* moi.
Heureux *comme tout.*	*Autant qu'on peut l'être.* . . .
Il est sans *contredire* le plus sage.	Il est sans *contredit* le plus sage.
Aller à *croche-pied.*	Aller à *cloche-pied.*
Il a ses souliers *dans* ses pieds.	Il a ses souliers *à* ses pieds.
Il a *davantage* de bien que d'esprit	Il a *plus* de bien que d'esprit.
Il croit *de* bien faire.	Il croit *bien* faire.
Comme *de* juste.	Comme *il est* juste.
C'est de vous *de qui* je parle. .	C'est de vous *que* je parle.
Ainsi *donc* vous avez tort. . .	*Ainsi* vous avez tort.
Bien *du* contraire.	Bien *au* contraire.
Il va en *Errière.*	Il va en *Arrière.*
Il *en* agit mal envers moi. . .	Il agit mal envers moi.
En cas que vous réussissiez . .	*Au* cas que.
L'air noble *en* impose.	L'air noble impose.
En outre *de* cela.	*Outre* cela.
Il va dîner, *puis* ensuite il partira	Il va dîner, *ensuite* il partira.
Au fur et à mesure que . . .	*A mesure que.*
Hier *soir,* hier *matin.*	Hier *au* soir, hier *au* matin.
Sachez *là où* il est.	Sachez *où* il est.
Il fut forcé *malgré lui* de partir.	Il fut *forcé* de partir.
Il est parti *malgré* la pluie. . .	Il est parti *nonobstant* la pluie.
Il parle *des mieux.*	Il parle très bien.
Or donc j'ai raison.	*Donc* j'ai raison.
C'est là *où* je demeure.	C'est *là* que je demeure.
Ousque vous avez été ?	*Où* avez-vous été ?
Arracher brin *par* brin. . . .	Arracher brin *à* brin.
Il l'a fait *par* exprès.	Il l'a fait *exprès.*
Je n'en ai *pas* guère.	Je n'en ai *guère.*
Fermez *un peu* la porte.	*Fermez* la porte.
Tant *pire*	Tant *pis.*
J'y serai *quand et* vous. . . .	J'y serai *en même temps que v.*
Combien *que* tu en as ?. . . .	Combien *en* as-tu ?
Quoique ça.	*Malgré cela.*
A la rebours.	*Au* rebours.
Il est si *tellement* bon	Il est *si* bon.
J'en ai *suffisant.*	J'en ai *suffisamment.*
Obéissez *de suite.*	Obéissez *tout de suite.*
Je l'ai lu *sur* le journal.	Je l'ai lu *dans* le journal.
*Tant qu'*à moi	*Quant* à moi.
J'irai *tout de même.*	J'irai *néanmoins.*
Ingrat *vis-à-vis* de ses parents.	Ingrat *envers* ses parents.

TABLE DES MATIÈRES.

	Pages
PRÉFACE	7
INTRODUCTION.	9
Des Voyelles *longues* et des Voyelles *brèves*.	10
CHAPITRE Ier. — DU NOM OU SUBSTANTIF.	12
Formation du *pluriel* dans les Substantifs	14
CHAPITRE II. — De l'ARTICLE.	16
CHAPITRE III. — De l'ADJECTIF	18
Formation du *féminin* dans les Adjectifs; — du *pluriel*.	20-22
Accord des Adjectifs avec les Substantifs.	22
Noms et Adjectifs de *nombre*.	26
CHAPITRE IV. — Du PRONOM.	28
Pronoms *personnels*.	*Ib.*
Règle des Pronoms	32
Autres sortes de Pronoms.	*Ib.*
Pronoms *possessifs*; — *démonstratifs*; — *relatifs*; — *interrogatifs*; — *indéfinis*.	32-36
CHAPITRE V. — Du VERBE	36
Verbes auxiliaires *avoir*; — *être*.	42-44
Conjugaisons des Verbes.	46-52
Exercices sur les Verbes.	54
Des Temps *primitifs*.	55
Verbes *irréguliers*.	60
Accord des Verbes avec leur sujet.	64
Régime des Verbes actifs.	66
Verbes *neutres*; — *réfléchis*; — *impersonnels*.	68-71
CHAPITRE VI. — Du PARTICIPE	72
Accord du Participe présent; — du Participe passé avec le *sujet*; — avec le *régime*	72-76
CHAPITRE VII. — De la PRÉPOSITION.	78
CHAPITRE VIII. — De l'ADVERBE.	82
CHAPITRE IX. — De la CONJONCTION.	84
CHAPITRE X. — De l'INTERJECTION.	86
REMARQUES sur chaque espèce de mots.	*Ib.*
— sur l'*Orthographe* de quelques mots.	104
De la PONCTUATION	*Ib.*
Autres signes orthographiques.	106
LOCUTIONS *vicieuses*.	108

FIN.